理學叢書

孟子字義疏證

〔清〕戴震著

圖書在版編目(CIP)數據

孟子字義疏證/(清)戴震著;何文光整理. —2版. —北京:中華書局,1982.5(2025.4重印)
(理學叢書)
ISBN 978-7-101-00759-6

Ⅰ.孟… Ⅱ.①戴…②何… Ⅲ.孟子-考證
Ⅳ.B222.53

中國版本圖書館CIP數據核字(2008)第116883號

封面設計:周　玉
責任印製:管　斌

理學叢書
孟子字義疏證
〔清〕戴　震 著
何文光 整理
*
中華書局出版發行
(北京市豐臺區太平橋西里38號　100073)
http://www.zhbc.com.cn
E-mail:zhbc@zhbc.com.cn
三河市宏盛印務有限公司印刷
*
850×1168毫米 1/32 · 7¼印張 · 2插頁 · 249千字
1961年12月第1版　1982年5月第2版
2025年4月第13次印刷
印數:40101-40700冊　定價:32.00元

ISBN 978-7-101-00759-6

理學叢書出版緣起

理學也稱道學、性理之學或義理之學，興起於北宋。主要代表人物有程顥、程頤，相與論學的有張載、邵雍，後人又溯及二程的本師周敦頤，合稱「北宋五子」。南宋朱熹繼承和發展了二程學説，並汲取周、張、邵學説的部分内容，加以綜合，熔鑄成龐大的體系，建立了理學中居主流地位的學派；與此同時，也有以陸九淵爲代表的理學别派與之對峙。南宋末，朱學確立了主導地位。元代理學北傳，流播地區更廣。明代，程朱理學仍是正統官學，但陳獻章由宗朱轉而宗陸，王陽明繼之鼓吹心學，形成了理學中另一占主流地位的學派。清初理學盛極而衰，雖仍有勢力，但頹勢已難挽回，一世學風逐漸轉變爲以乾嘉樸學爲主流。理學從産生到式微，經歷約七個世紀。而它在思想界影響的廣泛深入，超過兩漢經學、魏晉玄學、南北朝隋唐的佛學。

理學繼承古代儒學，融會佛老，探討了宇宙本原、認識真理的方法途徑、世界的規律性和人類本性等哲學問題，提出了比較完整的哲學體系，並涉及道德、教育、宗教、政治等諸多領域，繼承改造了許多舊有的哲學範疇和命題，也提出了不少新的範疇和命題，進行了細緻的推究。「牛毛繭絲，無不辨晰」（黄宗羲明儒學案凡例）、雖有煩瑣的一面，也有精密的一面。就理論思維的精密程度而論，確有度越前代之處。在我國哲學思想發展史上起過重大的作用，在國際上也有影響。作爲民族哲學遺産的一部分，我們沒有理由無視它的歷史存在。

建國以來，學術界對理學的研究取得了很大成績。但在一段時間內，由於「左」的思想影響，妨礙了對理學進行實事求是、全面系統的研究，有關古籍、資料的整理也未能很好地開展。近幾年情況有了很大變化，有關的論文、專著多起來了，有關的學術討論會也不斷召開。爲配合研究需要，國務院古籍整理出版規劃小組制訂的一九八二至一九九〇年的古籍整理出版規劃中列入了理學叢書，並開列了選目。這套叢書將由中華書局陸續出版。

理學著作極爲繁富，有大量經注、語録、講義和文集。私人撰述之外，又有官修的讀物如性理大全、性理精義。也有較通俗的以至訓蒙的作品，使理學得以向下層傳播。本叢書只收其中較有代表性的著作。凡收入的書，一般只做點校，個別重要而難懂的可加注釋，或選擇較有參考價值的舊注本進行點校。

熱切期望學術界關心和大力支持這項工作。

中華書局編輯部　一九八三年五月

再版説明

本書此次再版在内容上做了一些增補，使之成爲更加完備的戴震哲學著作專集。

此次計增補三篇。由安徽叢書的戴東原先生全集戴先生遺墨中補入兩篇書信，一爲與段若膺論理書，一爲與段若膺書。這兩封信都和孟子字義疏證有關，是戴震在臨終之年寫的。我們摘録了兩信的主要内容，加了標點，分了段。題目是我們加的。

另一篇中庸補注（未完稿）以安徽叢書戴東原先生全集本爲底本。戴東原先生全集中的中庸補注係據國粹學報本，國粹學報據南陵徐氏傳抄的戴望抄本刊行。我們以之與北京圖書館收藏的戴望手抄本相核對，發現刻本中的錯誤多處，也發現抄本和刻本有一些共同的錯誤，已予校正。中庸補注的點校工作是由陳金生同志作的。

據段玉裁編戴東原先生年譜説：中庸補注「蓋亦癸未（是年戴震四十一歲）以前所爲」，大約與原善上、中、下三篇同時。年譜還説：「其言理皆與原善、孟子字義疏證無纖微不合者，……中庸之説致中和、説上下察，尤可補先儒所不到。」今將中庸補注作爲附録，供研究戴震哲學思想發展時參考。

戴震還有未刊的大學補注一卷，一九三六年編印安徽叢書時即未收入。我們乘編全國善本書目的機會，請該書編輯委員會的同志從經部卡片中查找此書，無所獲，只好暫付闕如。

中華書局編輯部一九八一年八月

點校説明

戴震，字東原，清安徽休寧人，生於一七二四年（雍正元年十二月己巳），卒於一七七七年（乾隆四十二年），是著名的漢學家和唯物主義思想家。他著作宏富，内容包括天文、曆法、算學、地理、聲韻、訓詁、哲學等各方面，他死後不久，有人編爲戴氏遺書。戴震的已刊哲學著作，數量不多，除中庸補注（係未完稿）以外，本書全部收録了。孟子字義疏證是他的最重要的哲學著作，所以我們就把它作爲書名。

戴震和南宋以來一直佔統治地位的程朱派理學進行了不調和的鬥争。他借孟子「有物必有則」的命題闡明了「理在事中」的唯物主義世界觀，指出程朱派的「得於天而具於心」的「理」實際就是道家的「真宰」和佛教的「真空」、「神識」。他反對程朱派把「天理」、「人欲」絶對對立起來，大胆斥責理學家「以理殺人」。他認爲「欲者血氣之自然」，「飲食男女，人之大欲存焉」，無欲就使「生生之道絶」，宋儒的「理欲之辨，適成忍而殘殺之具」。戴震的反理學鬥争和對人民的同情，在當時具有很大進步意義。可是，他雖然認爲物質的氣在成形以前是「生生不息」的，但成形以後的「器」，則是「一成不變」的。在人性論上，他從人性的根本是人的生物性這一觀點出發，得出了「人道本於性，而性原於天道」的結論。這樣，在方法論和人性論上，在最後便陷入了形而上學和唯心主義。

本書編排略分三個部份。孟子字義疏證是本書的主體，所以編列在卷首。戴震畢生用很大精力從事考據，但是認爲考據的目的在於「明道」。他臨終的一年給段玉裁的信裏說：「僕自十七歲時，有志聞道，謂非求之六經、孔、孟不得，非從事於字義、制度、名物，無由以通其語言。」他的這部書就是以疏證孟子字義的方式來發揮自己的哲學思想的。他在同一年給段玉裁的另一封信中說：「僕生平著述最大者，爲孟子字義疏證一書，此正人心之要。今人無論正邪，盡以意見誤名之曰理，而禍斯民，故疏證不得不作。」可見他自己也認爲疏證是生平最重要的著作，而這部著作是直到這一年（一七七七年）年初才寫成的。

其次，是原善上中下三卷、緒言和孟子私淑録。原善，據考證，完成於一七六六年，是在早期著作原善上中下三篇、讀易繫辭論性、讀孟子論性的基礎上擴充而成的。但是，原善還只是引述易經、論語、孟子、中庸等書來闡述自己的思想，没有直接對宋儒進行批判。在原善著成以後，疏證定稿前，他寫了疏證的初稿緒言和修訂稿孟子私淑録。從緒言開始，就直接指名程朱，並且對他們的學說進行了無情的抨擊。

最後一部份，彙集了戴震的散篇論文。答彭進士允初書和與某書是他晚期的著作，法象論、原善上中下三篇、讀易繫辭論性、讀孟子論性是他早期的著作。在這些論著中，答彭進士允初書最爲重要。這封信是他臨終前一月寫的。戴震在信中說：「今賜書有引爲同，有別爲異；在僕乃謂盡異，無毫髮之同。」由此可見在他和當時佛教大師彭允初的論辯中，是如何充滿着不調和的戰鬥精神。

戴震的著作，一七七七年至七九年，曲阜孔繼涵曾選輯若干種刻爲戴氏遺書，收入微波榭叢書，一般稱爲微波榭本。本書所收的孟子字義疏證和原善三卷卽採用此本。緒言三卷，孔氏未收，有人曾把它和原善合刻；南海伍崇曜據以收入粤雅堂叢書。本書所收緒言卽據此本。孟子私淑錄未曾刊刻過，各家關於戴氏著作的文字也不曾著錄，直到一九四二年，四川省立圖書館出版的圖書集刊創刊號才根據覆抄張海鵬照曠閣抄本刊布出來，但是錯字不少，現在用北京圖書館和北京大學圖書館所藏三種抄本加以校正，排印出來。戴氏文集，最初有微波榭十卷本，一七九二年又有段玉裁經韻樓十二卷本，一八八四年鎭海張壽榮合刻戴震、段玉裁兩家文集時，依據經韻樓本校勘覆刻。本書所收散篇著作，卽據張氏校本。

在整理本書時，除標點分段之外，還作了一點校勘，大半是根據前後文字重複的地方互校。凡誤字衍文，用圓括弧標出，改正和補入的字，用方括弧標出，都不另加校注。整理工作中的缺點，請讀者指正。

何文光一九六一年七月

目録

孟子字義疏證

附録

孟子字義疏證

序

余少讀論語端木氏之言曰：「夫子之文章可得而聞也，夫子之言性與天道不可得而聞也。」讀易，乃知言性與天道在是。周道衰，堯、舜、禹、湯、文、武、周公致治之法，煥乎有文章者，棄爲陳迹。孔子既不得位，不能垂諸制度禮樂，是以爲之正本溯源，使人於千百世治亂之故，制度禮樂因革之宜，如持權衡以御輕重，如規矩準繩之於方圜平直，言似高遠而不得不言。自孔子言之，實言前聖所未言；微孔子，孰從而聞之！故曰「不可得而聞」。

是後私智穿鑿者，亦警於亂世，或以其道全身而遠禍，或以其道能誘人心有治無亂；而謬在大本，舉一廢百；意非不善，其言祇足以賊道，孟子於是不能已於與辯。當是時，羣共稱孟子好辯矣。孟子之書，有曰「我知言」，曰「遊於聖人之門者難爲言」。蓋言之謬，非終於言也，將轉移人心；心受其蔽，必害於事，害於政。彼目之曰小人之害天下後世也，顯而共見；目之曰賢智君子之害天下後世也，相率趨之以爲美言，其入人心深，禍斯民也大，而終莫之或寤。辯惡可已哉！

孟子辯楊墨；後人習聞楊、墨、老、莊、佛之言，且以其言汨亂孟子之言，是又後乎孟子者之不可巳也。苟吾不能知之亦巳矣，吾知之而不言，是不忠也，是對古聖人賢人而自負其學，對天下後世之仁人而自遠於仁也。吾用是懼，述孟子字義疏證三卷。韓退之氏曰：「道於楊、墨、老、莊、佛之學而欲之聖人之道，猶航斷港絕潢以望至於海也。故求觀聖人之道，必自孟子始。」嗚呼，不可易矣！休寧戴震。

孟子字義疏證卷上

理 十五條

理者，察之而幾微必區以別之名也，是故謂之分理；在物之質，曰肌理，曰腠理，曰文理；亦曰文縷。理、縷，語之轉耳。得其分則有條而不紊，謂之條理。孟子稱「孔子之謂集大成」曰：「始條理者，智之事也；終條理者，聖之事也。」聖智至孔子而極其盛，不過舉條理以言之而已矣。易曰：「易簡而天下之理得。」自乾坤言，故不曰「仁智」而曰「易簡」。「以易知」，知一於仁愛平恕也；「以簡能」，能一於行所無事也。「易則易知，易知則有親，有親則可久，可久則賢人之德」，若是者，仁也；「簡則易從，易從則有功，有功則可大，可大則賢人之業」，若是者，智也；天下事情，條分縷(晰)〔析〕，以仁且智當之，豈或爽失幾微哉！中庸曰：「文理密察，足以有別也。」樂記曰：「樂者，通倫理者也。」鄭康成注云：「理，分也。」許叔重說文解字序曰：「知分理之可相別異也。」古人所謂理，未有如後儒之所謂理者矣。

問：古人之言天理，何謂也？

曰：理也者，情之不爽失也；未有情不得而理得者也。凡有所施於人，反躬而靜思之：「人以此施於我，能受之乎？」凡有所責於人，反躬而靜思之：「人以此責於我，能盡之乎？」以我絜之人，則理明。天理云者，言乎自然之分理也；自然之分理，以我之情絜人之情，而無不得其平是也。樂記曰：「人生而靜，天之性也；感於物而動，性之欲也。物至知知，然後好惡形焉。好惡無節於內，知誘於外，不能反躬，天理滅矣。」滅者，滅沒不見也。又曰：「夫物之感人無窮，而人之好惡無節，則是物至而人化物也。人化物也者，滅天理而窮人欲者也；於是有悖逆詐僞之心，有淫佚作亂之事；是故強者脅弱，衆者暴寡，知者詐愚，勇者苦怯，疾病不養，老幼孤獨不得其所。此大亂之道也。」誠以弱、寡、愚、怯與夫疾病、老幼、孤獨，反躬而思其情，人豈異於我！蓋方其靜也，未感於物，其血氣心知，湛然無有失，揚雄方言曰：「湛，安也。」郭璞注云：「湛然，安貌。」故曰「天之性」；及其感而動，則欲出於性。一人之欲，天下人之（之）〔所〕同欲也，故曰「性之欲」。好惡既形，遂己之好惡，忘人之好惡，往往賊人以逞欲。反躬者，以人之逞其欲，思身受之之情也。情得其平，是爲好惡之節，是爲依乎天理。莊子：庖丁爲文惠君解牛，自言：「依乎天理，批大郤，導大窾，因其固然，技經肯綮之未嘗，而況大軱乎！」天理，即其所謂「彼節者有閒，而刀刃者無厚；以無厚入有閒」，適如其天然之分理也。古人所謂天理，未有如後儒之所謂天理者矣。

問：以情絜情而無爽失，於行事誠得其理矣。情與理之名何以異？

曰：在己與人皆謂之情，無過情無不及情之謂理。詩曰：「天生烝民，有物有則；民之秉彝，好是懿德。」孔子曰：「（作）〔爲〕此詩者，其知道乎！」孟子申之曰：「故有物必有則，民之秉彝也，故好是懿德。」以秉持爲經常曰則，以各如其區分曰理，以實之於言行曰懿德。物者，事也；語其事，不出乎日用飲食而已矣；舍是而言理，非古賢聖所謂理也。

問：孟子云：「心之所同然者，謂理也，義也；聖人先得我心之所同然耳。」是理又以心言，何也？

曰：心之所同然始謂之理，謂之義；則未至於同然，存乎其人之意見，非理也，非義也。凡一人以爲然，天下萬世皆曰「是不可易也」，此之謂同然。舉理，以見心能區分；舉義，以見心能裁斷。分之，各有其不易之則，名曰理；如斯而宜，名曰義。是故明理者，明其區分也；精義者，精其裁斷也。不明，往往界於疑似而生惑；不精，往往雜於偏私而害道。求理義而智不足者也，故不可謂之理義。自非聖人，鮮能無蔽；有蔽之深，有蔽之淺者。人莫患乎蔽而自智，任其意見，執之爲理義。吾懼求理義者以意見當之，孰知民受其禍之所終極也哉！

問：宋以來儒書之言，以理爲「如有物焉，得於天而具於心」；朱子語錄云：「理無心則無著處。」又云：「凡物有心而其中必虛，人心亦然；止這些虛處，便包藏許多道理，推廣得來，蓋天蓋地，莫不由此。此所以爲人心之好歟！理在人心，是謂之性。心是神明之舍，爲一身之主宰；性便是許多道理得之天而具於心者。」今釋孟子，乃曰「一人以爲然，天下萬世皆曰是不可易也，此之謂同然」，「是心之明，能於事情不爽失，使無過情無不及情之謂理」，非「如有物焉具於心」矣。又以「未至於同然，存乎其人之意見，不可謂之理義」。在孟子言「聖人先得我心之同然」，固未嘗輕以許人，是聖人始能得理。然人莫不有家，進而國事，進而天下，豈待聖智而後行事歟？

曰：六經、孔、孟之言以及傳記羣籍，理字不多見。今雖至愚之人，悖戾恣睢，其處斷一事，責詰一人，莫不輒曰理者，自宋以來始相習成俗，則以理爲「如有物焉，得於天而具於心」，因以心之意見當之也。於是負其氣，挾其勢位，加以口給者，理伸；力弱氣慴，口不能道辭者，理屈。嗚呼，其孰謂以此制事，以此制人之非理哉！卽其人廉潔自持，心無私慝，而至於處斷一事，責詰一人，憑在己之意見，是其所是而非其所非，方自信嚴氣正性，嫉惡如讎，而不知事情之難得，是非之易失於偏，往往人受其禍，己且終身不寤，或事後乃明，悔已無及。嗚呼，其孰謂以此制事，以此治人之非理哉！天下智者少而愚者多；以其心知明於衆人，則共推之爲智，其去聖人甚遠也。以衆人與其所共推爲智者較其得理，則衆人之蔽必多；以衆所共推爲智者與聖人較其得理，則聖人然後無蔽。凡事至而心應之，其斷於心，輒曰理如是，古賢聖未嘗以爲理也。不惟古賢聖未嘗以爲理，昔之人異於今人之一啓口而曰理，其亦不以爲理也。昔人知在己之意見不可以理名，而今人輕言之。夫以理爲「如有物焉，得於天而具於心」，未有不以意見當之者也。今使人任其意見，則謬；使人自求其情，則得。子貢問曰：「有一言而可以終身行之者乎？」子曰：「其恕乎！己所不欲，勿施於人。」大學言治國平天下，不過曰「所惡於上，毋以使下，所惡於下，毋以事上」，以位之卑尊言也；「所惡於前，毋以先後，所惡於後，毋以從前」，以長於我與我長言也；「所惡於右，毋以交於左，所惡於左，毋以交於右」，以等於我言也。曰「所不欲」，曰「所惡」，不過人之常情，不言理而理盡於此。惟以情絜情，故其於事也，非心出一意見以處之，苟舍情求理，其所謂理，無非意見也。未有任其意見而不禍斯民者。

問：以意見爲理，自宋以來莫敢致斥者，謂理在人心故也。今曰理在事情，於心之所同然，洵無可疑矣；孟子舉以見人性之善，其說可得聞歟？

曰：孟子言「口之於味也，有同耆焉；耳之於聲也，有同聽焉；目之於色也，有同美焉；至於心獨無所同然乎」，明理義之悅心，猶味之悅口，聲之悅耳，色之悅目之爲性。味也、聲也、色也在物，而接於我之血氣；理義在事，而接於我之心知。血氣心知，有自具之能：口能辨味，耳能辨聲，目能辨色，心能辨夫理義。味與聲色，在物不在我，接於我之血氣，能辨之而悅之；其悅者，必其尤美者也；理義在事情之條分縷析，接於我之心知，能辨之而悅之；其悅者，必其至是者也。子產言「人生始化曰魄，既生魄，陽曰魂」；曾子言「陽之精氣曰神，陰之精氣曰靈，神靈者，品物之本也」。蓋耳之能聽，目之能視，鼻之能臭，口之知味，魄之爲也，所謂靈也，陰主受者也；心之精爽，有思輒通，魂之爲也，所謂神也，陽主施者也。主施者斷，主受者聽，故孟子曰：「耳目之官不思，心之官則思。」是思者，心之能也。精爽有蔽隔而不能通之時，及其無蔽隔，無弗通，乃以神明稱之。凡血氣之屬，皆有精爽。其心之精爽，鉅細不同，如火光之照物，光小者，其照也近，所照者不謬也，所不照(所)〔斯〕疑謬承之，不謬之謂得理；其光大者，其照也遠，得理多而失理少。且不特遠近也，光之及又有明闇，故於物有察有不察；察者盡其實，不察斯疑謬承之，疑謬之謂失理。失理者，限於質之昧，所謂愚也。惟學可以增益其不足而進於智，益之不已，至乎其極，如日月有明，容光必照，則聖人矣。此中庸「雖愚必明」，孟子「擴而充之之謂聖人」。神明之盛也，其於事靡不得理，斯仁義禮智全矣。故理義非他，所照所察者之不謬也。何以不謬？心之神明也。人之異於禽獸者，雖同有精爽，而人能進於神明也。理義豈別若一物，求之所照所察之外；而人之精爽能進於神明，豈求諸氣稟之外哉！

問：後儒以人之有嗜欲出於氣稟，而理者，別於氣稟者也。今謂心之精爽，學以擴充之，進於神明，則於事靡不得理，是求理於氣稟之外者非矣。孟子專舉「理義」以明「性善」，何也？

曰：古人言性，但以氣稟言，未嘗明言理義爲性，蓋不待言而可知也。至孟子時，異說紛起，以理義爲聖人治天下〔之〕具，設此一法以強之從，害道之言皆由外理義而生；人徒知耳之於聲，目之於色，鼻之於臭，口之於味之爲性，而不知心之於理義，亦猶耳目鼻口之於聲色臭味也，故曰「至於心獨無所同然乎」，蓋就其所知以證明其所不知，舉聲色臭味之欲歸之耳目鼻口，舉理義之好歸之心，皆內也，非外也，比而合之以解天下之惑，俾曉然無疑於理義之爲性，害道之言庶幾可以息矣。孟子明人心之通於理義，與耳目鼻口之通於聲色臭味，咸根諸性，非由後起。後儒見孟子言性，則曰理義，則曰仁義禮智，不得其說，遂於氣稟之外增一理義之性，歸之孟子矣

問：聲色臭味之欲亦宜根於心，今專以理義之好爲根於心，於「好是懿德」固然矣，抑聲色臭味之欲徒根於耳目鼻口歟？心，君乎百體者也，百體之能，皆心之能也，豈耳悅聲，目悅色，鼻悅

臭，口悅味，非心悅之乎？

曰：否。心能使耳目鼻口，不能代耳目鼻口之能，彼其能者各自具也，故不能相爲。人物受形於天地，故恆與之相通。盈天地之間，有聲也，有色也，有臭也，有味也；舉聲色臭味，則盈天地間者無或遺矣。外內相通，其開竅也，是爲耳目鼻口。五行有生克，生則相得，克則相逆，血氣之得其養、失其養繫焉，資於外足以養其內，此皆陰陽五行之所爲，外之盈天地之間，內之備於吾身，外內相得無間而養道備。「民之質矣，日用飲食」，自古及今，以爲道之經也。血氣各資以養，而開竅於耳目鼻口以通之，既於是通，故各成其能而分職司之。孔子曰：「少之時，血氣未定，戒之在色；及其長也，血氣方剛，戒之在鬭；及其老也，血氣既衰，戒之在得。」血氣之所爲不一，舉凡身之嗜欲根於（氣）血〔氣〕明矣，非根於心也。孟子曰，「理義之悅我心，猶芻豢之悅我口」，非喻言也。凡人行一事，有當於理義，其心氣必暢然自得；悖於理義，心氣必沮喪自失，以此見心之於理義，一同乎血氣之於嗜欲，皆性使然耳。耳目鼻口之官，臣道也；心之官，君道也；臣效其能而君正其可否。理義非他，可否之而當，是謂理義。然又非心出一意以可否之也，若心出一意以可否之，何異強制之乎！是故就事物言，非事物之外別有理義也；「有物必有則」，以其則正其物，如是而已矣。就人心言，非別有理以予之而具於心也；心之神明，於事物咸足以知其不易之則，譬有光皆能照，而中理者，乃其光盛，其照不謬也。

問：學者多識前言往行，可以增益己之所不足；宋儒謂「理得於天而藏於心」，殆因問學之得於古賢聖而藏於心，比類以爲說歟？

曰：人之血氣心知本乎陰陽五行者，性也。如血氣資飲食以養，其化也，卽爲我之血氣，非復所飲食之物矣；心知之資於問學，其自得之也亦然。以血氣言，昔者弱而今者強，是血氣之得其養也；以心知言，昔者狹小而今也廣大，昔者闇昧而今也明察，是心知之得其養也，故曰「雖愚必明」。人之血氣心知，其天定者往往不齊，得養不得養，遂至於大異。苟知問學猶飲食，則貴其化，不貴其不化。記問之學，入而不化者也。自得之，則居之安，資之深，取之左右逢其源，我之心知，極而至乎聖人之神明矣。神明者，猶然心也，非心自心而所得者藏於中之謂也。心自心而所得者藏於中，以之言學，尚爲物而不化之學，況以之言性乎！

問：宋以來之言理也，其說爲「不出於理則出於欲，不出於欲則出於理」，故辨乎理欲之界，以爲君子小人於此焉分。今以情之不爽失爲理，是理者存乎欲者也，然則無欲亦非歟？

曰：孟子言「養心莫善於寡欲」，明乎欲不可無也，寡之而已。人之生也，莫病於無以遂其生。欲遂其生，亦遂人之生，仁也；欲遂其生，至於戕人之生而不顧者，不仁也。不仁，實始於欲遂其生之心；使其無此欲，必無不仁矣。然使其無此欲，則於天下之人，生道窮促，亦將漠然視之。己不必遂其生，而遂人之生，無是情也，然則謂「不出於正則出於邪，不出於邪則出於正」，可也；謂「不出於理則出於欲，不出於欲則出於理」，不可也。欲，其物；理，其則也。不出於邪而出於正，猶往往有意見之偏，未能得理。而宋以來之言理欲也，徒以爲正邪之辨而已矣，不出於邪而出於正，則謂以理應事矣。理與事分爲二而與意見合爲一，是以害事。夫事至而應者，心也；心有所蔽，則於事情未之能得，又安能得理乎！自老氏貴於「抱一」，貴於「無欲」，莊周書則曰：「聖人之靜也，非曰靜也善，故靜也；萬物無足以撓心者，故靜也。水靜猶明，而況精神，聖人之心靜乎！夫虛靜恬淡，寂寞無爲者，天地之平，而道德之至。」周子通書曰：「『聖可學乎？』曰，『可。』『有要乎？』曰，『有。』『請問焉。』曰，『一爲要。一者，無欲也；無欲則靜虛動直。靜虛則明，明則通；動直則公，公則溥。明通公溥，庶矣哉！』」此卽老、莊、釋氏之說。朱子亦屢言「人欲所蔽」，皆以爲無欲則無蔽，非中庸「雖愚必明」之道也。有生而愚者，雖無欲，亦愚也。凡出於欲，無非以生以養之事，欲之失爲私，不爲蔽。自以爲得理，而所執之實謬，乃蔽而不明。天下古今之人，其大患，私與蔽二端而已。私生於欲之失，蔽生於知之失；欲生於血氣，知生於心。因私而咎欲，因欲而咎血氣；因蔽而咎知，因知而咎〔心〕，老氏所以言「常使民無知無欲」；彼自外其形骸，貴其眞宰；後之釋氏，其論說似異而實同。宋儒出入於老釋，程叔子撰明道先生行狀云：「自十五六時，聞周茂叔論道，遂厭科舉之業，慨然有求道之志，泛濫於諸家，出入於老釋者幾十年，返求諸六經，然後得之。」呂與叔撰橫渠先生行狀云：「范文正公勸讀中庸，先生讀其書，雖愛之，猶以爲未足，又訪諸釋老之書，累年，盡究其說，知無所得，返而求之六經。」朱子語類廖德明錄癸巳所聞：「先生言：二三年前見得此事尚鶻突，爲他佛說得相似，近年來方看得分曉。」考朱子慕禪學在十五六時，年二十四，見李愿中，教以看聖賢言語，而其後復入於釋氏。至癸巳，年四十四矣。故雜乎老釋之言以爲言。詩曰：「民之質矣，日用飲食。」記曰：「飲食男女，人之大欲存焉。」聖人治天下，體民之情，遂民之欲，而王道備。人知老、莊、釋氏異於聖人，聞其無欲之說，猶未之信也；於宋儒，則信以爲同於聖人；理欲之分，人人能言之。故今之治人者，視古賢聖體民之情，遂民之欲，多出於鄙細隱曲，不措諸意，不足爲怪；而及其責以理也，不難舉曠世之高節，著於義而罪之。尊者以理責卑，長者以理責幼，貴者以理責賤，雖失，謂之順；卑者、幼者、賤者以理爭之，雖得，謂之逆。於是下之人不能以天下之同情、天下所同欲達之於上；上以理責其下，而在下之罪，人人不勝指數。人死於法，猶有憐之者；死於理，其誰憐之！嗚呼，雜乎老釋之言以爲言，其禍甚於申韓如是也！六經、孔、孟之書，豈嘗以理爲如有物焉，外乎人之性之發爲情欲者，而強制之也哉！孟子告齊梁之君，曰「與民同樂」，曰「省刑罰，薄稅斂」，曰「必使仰足以事父母，俯足以畜妻子」，曰「居者有積倉，行者有裹（糧）〔糧〕」，曰「內無怨女，外無曠夫」，仁政如是，王道如是而已矣。

問：樂記言滅天理而窮人欲，其言有似於以理欲爲邪正之別，何也？

曰：性，譬則水也；欲，譬則水之流也；節而不過，則爲依乎天理，爲相生養之道，譬則水由地中行也；窮人欲而至於有悖逆詐僞之心，有淫泆作亂之事，譬則洪水橫流，汎濫於中國也。聖人教之反躬，以己之加於人，設人如是加於己，而思躬受之之情，譬則禹之行水，行其所無事，非惡汎濫而塞其流也。惡汎濫而塞其流，其立說之工者且直絕其源，是遏欲無欲之喻也。「口之於味也，目之於色也，耳之於聲也，鼻之於臭也，四肢之於安佚也」，此後儒視爲人欲之私者，而孟子曰

「性也」，繼之曰「有命焉」。命者，限制之名，如命之東則不得而西，言性之欲之不可無節也。節而不過，則依乎天理；非以天理爲正，人欲爲邪也。天理者，節其欲而不窮人欲也。是故欲不可窮，非不可有；有而節之，使無過情，無不及情，可謂之非天理乎！

問：中庸言「君子戒愼乎其所不睹，恐懼乎其所不聞」，言「君子必愼其獨」，後儒因有存理遏欲之說。今曰「欲譬則水之流」，則流固不可塞；誠使水由地中行，斯無往不得其自然之分理；存此意以遏其汎濫，於義未爲不可通。然中庸之言，不徒治之於汎濫也，其意可得聞歟？

曰：所謂「戒愼恐懼」者，以敬肆言也。凡對人者，接於目而睹，則戒愼其儀容；接於耳而聞，則恐懼有愆謬。君子雖未對人亦如是，蓋敬而不敢少肆也，篇末云「君子不動而敬，不言而信」是也。所謂「愼獨」者，以邪正言也。凡有所行，端皆起於志意，如見之端起於隱，顯之端起於微，其志意既動，人不見也，篇末云「君子內省不疚，無惡於志，君子之所不可及者，其唯人之所不見乎」是也。蓋方未應事，則敬肆分；事至而動，則邪正分。敬者恆自檢柙，肆則反是；正者不牽於私，邪則反是。必敬必正，而意見或偏，猶未能語於得理；雖智足以得理，而不敬則多疏失，不正則盡虛僞。三者，一虞於疏，一嚴於僞，一患於偏，各有所取也。

問：自宋以來，謂「理得於天而具於心」，既以爲人所同得，故於智愚之不齊歸諸氣稟，而敬肆邪正概以實其理欲之說。老氏之「抱一」「無欲」，釋氏之「常惺惺」，彼所指者，曰「眞宰」，曰「眞空」，莊子云：「若有眞宰而特不得其眹。」釋氏書云：「卽此識情，便是眞空妙智。」又云：「眞空則能攝衆有而應變。」又云：「湛然常寂，應用無方，用而常空，空而常用。用而不有，即是眞空；空而不無，即成妙有。」而易以理字便爲聖學。既以理爲得於天，故又創理氣之說，譬之「二物渾淪」；朱子語錄云：「理與氣決是二物，但在物上看，則二物渾淪，不可分開各在一處，然不害二物之各爲一物也。」於理極其形容，指之曰「淨潔空闊」；問「先有理後有氣」之說。朱子曰：「不消如此說。而今知他合下先是有理後有氣邪？後有理先有氣邪？皆不可得而推究。然以意度之，則疑此氣是依傍道理行，及此氣之聚，則理亦在焉。蓋氣則能凝結造作，理卻無情意，無制度，無造作，止此氣凝聚處，理便在其中。且如天地間人物草木禽獸，其生也莫不有種；定不會無種了，白地生出一個物事；這個都是氣。若理則止是個淨潔空闊底世界，無形迹，他卻不會造作，氣則能醞釀凝聚生物也。」不過就老、莊、釋氏所謂「眞宰」「眞空」者轉之以言夫理，就老、莊、釋氏之言轉而爲六經、孔、孟之言。今何以剖別之，使截然不相淆惑歟？

曰：天地、人物、事爲，不聞無可言之理者也，詩曰「有物有則」是也。物者，指其實體實事之名；則者，稱其純粹中正之名。實體實事，罔非自然，而歸於必然，天地、人物、事爲之理得矣。夫天地之大，人物之蕃，事爲之委曲條分，苟得其理矣，如直者之中懸，平者之中水，圓者之中規，方者之中矩，然後推諸天下萬世而準。易稱「先天而天弗違，後天而奉天時；天且弗違，而況於人乎，況於鬼神乎」，中庸稱「考諸三王而不謬，建諸天地而不悖，質諸鬼神而無疑，百世以俟聖人而不惑」。夫如是，是爲得理，是爲心之所同然。孟子曰：「規矩，方圓之至也；聖人，人倫之至也。」語天地而精言其理，猶語聖人而言乎其可法耳。尊是理，而謂天地陰陽不足以當之，必非天地陰陽之理則可。天地陰陽之理，猶聖人之聖也；尊其聖，而謂聖人不足以當之，可乎哉？聖人亦人也，以盡乎人之理，羣共推爲聖智。盡乎人之理非他，人倫日用盡乎其必然而已矣。推而極於不可易之爲必然，乃語其至，非原其本。後儒從而過求，徒以語其至者之意言思議視如有物，謂與氣渾淪而成，聞之者習焉不察，莫知其異於六經、孔、孟之言也。舉凡天地、人物、事爲，求其必然不可易，理至明顯也。從而尊大之，不徒曰天地、人物、事爲之理，而轉其語曰「理無不在」，視之「如有物焉」，將使學者皓首茫然，求其物不得。非六經、孔、孟之言難知也，傳注相承，童而習之，不復致思也。

問：宋儒以理爲「如有物焉，得於天而具於心」，人之生也，由氣之凝結生聚，而理則湊泊附著之，朱子云：「人之所以生，理與氣合而已。天理固浩浩不窮，然非是氣，則〔雖〕有是理而無所湊泊，故必二氣交感，凝結生聚，然後是理有所附著。」因以此爲「完全自足」，程子云：「聖賢論天德，蓋自家元是天然完全自足之物，若無所汚壞，卽當直而行之；若少有汚壞，卽敬以治之，使復如舊。」如是，則無待於學。然見於古賢聖之論學，與老、莊、釋氏之廢學，截然殊致，因謂「理爲形氣所汚壞，故學焉以復其初」。朱子於論語首章，於大學「在明明德」，皆以「復其初」爲言。「復其初」之云，見莊周書。莊子繕性篇云：「繕性於俗學以求復其初，滑欲於俗知以求致其明，謂之蔽蒙之民。」又云：「文滅質，博溺心，然後民始惑亂，無以返其性情而復其初。」蓋其所謂理，卽如釋氏所謂「本來面目」，而其所謂「存理」，亦卽如釋氏所謂「常惺惺」。釋氏書云：「不思善，不思惡，時認本來面目。」上蔡謝氏曰：「敬是常惺惺法。」王文成解大學「格物致知」，主扞禦外物之說，其言曰：「本來面目，卽吾聖門所謂良知。隨物而格，是致知之功。」豈宋以來儒者，其說盡援儒以入釋歟？

曰，老、莊、釋氏以其所謂「眞宰」「眞空」者爲「完全自足」，然不能謂天下之人有善而無惡，有智而無愚也，因擧善與智而毀訾之。老氏云：「絕學無憂。唯之與阿，相去幾何？善之與惡，相去何若？」又云：「以智治國，國之賊；不以智治國，國之福。」又云：「古之善爲道者，非以明民，將以愚之。」彼蓋以無欲而靜，則超乎善惡之上，智乃不如愚，故直云「絕學」，又(生)〔主〕「絕聖棄智」，「絕仁棄義」，此一說也。荀子以禮義生於聖心，常人學然後能明於禮義，若順其自然，則生爭奪。弗學而能，乃屬之性；學而後能，不得屬之性，故謂性惡。而其於孟子言性善也辯之曰：「性善，則去聖王，息禮義矣；性惡，則與聖王，貴禮義矣。」此又一說也。荀子習聞當時雜乎老、莊、告子之說者廢學毀禮義，而不達孟子性善之旨，以禮義爲聖人敎天下制其性，使不至爭奪，而不知禮義之所由名。老、莊、告子及後之釋氏，乃言如荀子所謂「去聖王，息禮義」耳。程子朱子謂氣稟之外，天與之以理，非生知安行之聖人，未有不汚壞其受於天之理者也，學而後此理漸明，復其初之所受。是天下之人，雖有所受於天之理，而皆不殊於無有，此又一說也。今富者遺其子粟千鍾，貧者無升斗之遺；貧者之子取之宮中無有，因日以其力致升斗之粟；富者之子亦必如彼之日以其力致之，而曰所致者卽其宮中者也，說必不可通，故詳於論敬而略於論學。如程子云「敬以治之，使復如舊」，而不及學；朱子於中庸「致中和」，猶以爲「戒懼愼獨」。陸子靜王文成諸人，推本老、莊、釋氏之所謂「眞宰」「眞空」者，以爲卽全乎聖智仁義，卽全乎理，陸子靜云：「收拾精神，自作主宰，萬物皆備於我，何有欠闕！當惻隱時，自然惻隱；當羞惡時，自然羞惡；當寬裕溫柔時，自然寬裕溫柔；當發強剛毅時，自然發剛强毅。」王文成云：「聖人致知之功，至誠無息。其良知之體，皦如明鏡，妍媸之來，隨物現形，而明鏡曾無所留染，所謂『情順萬事而無情』也。『無所住(以)〔而〕生其心』，佛氏曾有是言，未爲非也。明鏡之應，妍者妍，媸者媸，一照而皆眞，卽是『生其心』處；妍者妍，媸者媸，一過而不留，卽『無所住』處。」此又一說也。程子朱子就老、莊、釋氏所指者，轉其說以言夫理，非援儒而入釋，誤以釋氏之言雜入於儒耳；陸子靜王文成諸人就老、莊、釋氏所指者，卽以理實之，是乃援儒以入於釋者也。試以人之形體與人之德性比而論之，形體始乎幼小，終乎長大；德性始乎蒙昧，終乎聖智。其形體之長大也，資於飲食之養，乃長日加益，非「復其初」；德性資於學問，進而聖智，非「復其初」明矣。人物以類區分，而人所稟受，其氣淸明，異於禽獸之不可開通。然人與人較，其材質等差凡幾？古賢聖知人之材質有等差，是以重問學，貴擴充。老、莊、釋氏謂有生皆同，故主於去情欲以勿害之，不必問學以擴充之。在老、莊、釋氏既守己自足矣，因毀訾仁義以伸其說。荀子謂常人之性，學然後知禮義，其說亦足以伸。陸子靜王文成諸人同於老、莊、釋氏，而改其毀訾仁義者，以爲自然全乎仁義，巧於伸其說者也。程子朱子尊理而以爲天與我，猶荀子尊禮義以爲聖人與我也。謂理爲形氣所汚壞，是聖人而下形氣皆大不美，卽荀子性惡之說也；而其所謂理，別爲湊泊附著之一物，猶老、莊、釋氏所謂「眞宰」「眞空」之湊泊附著於形體也。理既完全自足，難於言學以明理，故不得不分理氣爲二本而咎形氣。蓋其說雜糅傅合而成，令學者眩惑其中，雖六經、孔、孟之言具在，咸習非勝是，不復求通。嗚呼，吾何敢默而息乎！

問：程伯子之出入於老釋者幾十年，返求諸六經，然後得之，見叔子所撰行狀。而朱子年四十內外，猶馳心空妙，其後有答汪尙書書，言「熹於釋氏之說，蓋嘗師其人，尊其道，求之亦切至矣，然未能有得。其後以先生君子之教，校乎前後緩急之序，於是暫置其說而從事於吾學。其始蓋未嘗一日不往來於心也，以爲俟卒究吾說而後求之未爲甚晚。而一二年來，心獨有所自安，雖未能卽有諸己，然欲復求之外學以遂其初心，不可得矣。」程朱雖從事釋氏甚久，然終能覺其非矣，而又未合於六經、孔、孟，則其學何學歟？

曰：程子朱子其出入於老釋，皆以求道也，使見其道爲是，雖人以爲非而不顧。其初非背六經、孔、孟而信彼也，於此不得其解，而見彼之捐棄物欲，返觀內照，近於切己體察，爲之，亦能使思慮漸清，因而冀得之爲衡〔鑒〕事物之本。然極其致，所謂「明心見性」、「還其神之本體」者，卽本體得矣，以爲如此便足，無欠闕矣，實動輒差謬。在老、莊、釋氏固不論差謬與否，而程子朱子求道之心，久之知其不可恃以衡鑒事物，故終謂其非也。夫人之異於物者，人能明於必然，百物之生各遂其自然也。老氏言「致虛極，守靜篤」，言「道法自然」，釋氏亦不出此，皆起於自私，使其神離形體而長存。老氏言「長生久視」，以死爲「返其眞」；所謂長生者，形化而神長存也；釋氏言「不生不滅」；所謂不生者，不受形而生也；不滅者，卽其神長存也。其所謂性，所謂道，專主所謂神者爲言。邵子云：「道與一，神之強名也。」又云：「神無方而性有質。」又云：「性者，道之形體；心者，性之郛郭。」又云：「人之神卽天地之神。」合其言觀之，得於老莊最深。所謂道者，指天地之「神無方」也；所謂性者指人之「（神）〔性〕有質」也，故曰「道之形體」。邵子又云：「神統於心，氣統於腎，形統於首；形氣交而神主乎其中，三才之道也。」此顯指神宅於心，故曰「心者，性之郛郭」。邵子又云：「氣則養性，性則乘氣；故氣存則性存，性動則氣動也。」此顯指神乘乎氣而資氣以養。王文成云：「夫良知一也，以其妙用而言謂之神，以其流行而言謂之氣。」立說亦同。又卽導養家所云「神之炯炯而不昧者爲性，氣之絪縕而不息者爲命」。朱子於其指神爲道、指神爲性者，若轉以言夫理。張子云：「由太虛，有天之名；由氣化，有道之名；合虛與氣，有性之名；合性〔與〕知覺，有心之名。」其所謂虛，六經、孔、孟無是言也。張子又云：「神者，太虛妙應之目。」又云：「天之不測謂神，神而有常謂天。」又云：「神，天德；化，天道。」是其曰虛曰天，不離乎所謂神者。彼老、莊、釋氏之自貴其神，亦以爲妙應，爲沖虛，爲足乎天德矣。如云：「性周法界，淨智圓妙，體自空寂。」張子又云：「氣有陰陽，推行有漸爲化，合一不測爲神。」斯言也，蓋得之矣。試驗諸人物，耳目百體，會歸於心；心者，合一不測之神也。天地間百物生生，無非推本陰陽。易曰：「精氣爲物。」曾子曰：「陽之精氣曰神，陰之精氣曰靈，神靈者，品物之本也。」因其神靈，故不徒曰氣而稱之曰精氣。老、莊、釋氏之謬，乃於此歧而分之。內其神而外形體，徒以形體爲傳舍，以舉凡血氣之欲、君臣之義、父子昆弟夫婦之親，悉起於有形體以後，而神至虛靜，無欲無爲。在老、莊、釋氏徒見於自然，故以神爲已足。程子朱子見於六經、孔、孟之言理義，歸於必然不可易，非老、莊、釋氏所能及，因尊之以當其所謂神者爲生陽生陰之本，而別於陰陽；爲人物之性，而別於氣質；反指孔孟所謂道者非道，所謂性者非性。獨張子之說，可以分別錄之，如言「由氣化，有道之名」，言「化，天道」，言「推行有漸爲化，合一不測爲神」，此數語者，聖人復起，無以易也。張子見於必然之爲理，故不徒曰神而曰「神而有常」。誠如是言，不以理爲別如一物，於六經、孔、孟近矣。就天地言之，化，其生生也；神，其主宰也，不可歧而分也。故言化則賅神，言神亦賅化；由化以知神，由化與神以知德；德也者，天地之中正也。就人言之，有血氣，則有心知；有心知，雖自聖人而下，明昧各殊，皆可學以牖其昧而進於明。天之生物也，使之一本，而以性專屬之神，則視形體爲假合；以性專屬之理，則苟非生知之聖人，不得不咎其氣質，皆二本故也。老、莊、釋氏尊其神爲超乎陰陽氣化，此尊理爲超乎陰陽氣化。朱子答呂子約書曰：「陰陽也，君臣父子也，皆事物也；人之所行也，形而下者也，萬象紛羅者也。是數者各有當然之理，卽所謂道也，當行之路也，形而上者也，沖漠無朕者也。」然則易曰「立天之道曰陰與陽」，中庸曰「君臣也，父子也，夫婦也，昆弟也，朋友之交也，五者，天下之達道也」，皆僅及事物而卽謂之道，豈聖賢之立言，不若朱子言之辨析歟？聖人順其血氣之欲，則爲相生養之道，於是視人猶己，則忠；以己推之，則恕；憂樂於人，則仁；出於正，不出於邪，則義；恭敬不侮慢，則禮；無差謬之失，則智；曰忠恕，曰仁義禮智，豈有他哉？常人之欲，縱之至於邪僻，至於爭奪作亂；聖人之欲，無非懿德。欲同也，善不善之殊致若此。欲者，血氣之自然，其好是懿德也，心知之自然，此孟子所以言性善。心知之自然，未有不悅理義者，未能盡得理合義耳。由血氣之自然，而審察之以知其必然，是之謂理義；自然之與必然，非二事也。就其自然，明之盡而無幾微之失焉，是其必然也。如是而後無憾，如是而後安，是乃自然之極則。若任其自然而流於失，轉喪其自然，而非自然也；故歸於必然，適完其自然。夫人之生也，血氣心知而已矣。老、莊、釋氏見常人任其血氣之自然之不可，而靜以養其心知之自然；於心知之自然謂之性，血氣之自然謂之欲，說雖巧變，要不過分血氣心知爲二本。荀子見常人之心知，而以禮義爲聖心；見常人任其血氣心知之自然之不可，而進以禮義之必然；於血氣心知之自然謂之性，於禮義之必然謂之教；合血氣心知爲一本矣，而不得禮義之本。程子朱子見常人任其血氣心知之自然之不可，而進以理之必然；於血氣心知之自然謂之氣質，於理之必然謂之性，亦合血氣心知爲一本矣，而更增一本。分血氣心知爲二本者，程子斥之曰「異端本心」，而其增一本也，則曰「吾儒本天」。如其說，是心之爲心，人也，非天也；性之爲性，天也，非人也。以天別於人，實以性爲別於人也。人之爲人，性之爲性，判若彼此，自程子朱子始。告子言「以人性爲仁義，猶以杞柳爲桮棬」，孟子必辨之，爲其戕賊一物而爲之也，況判若彼此，豈有不戕賊者哉！蓋程子朱子之學，借階於老、莊、釋氏，故僅以理之一字易其所謂眞宰眞空者而餘無所易。其學非出於荀子，而偶與荀子合，故彼以爲惡者，此亦咎之；彼以爲出於聖人者，此以爲出於天。出於天與出於聖人豈有異乎！天下惟一本，無所外。有血氣，則有心知；有心知，則學以進於神明，一本然也；有血氣心知，則發乎血氣心知之自然者，明之盡，使無幾微之失，斯無往非仁義，一本然也。苟岐而二之，未有不外其一者。六經、孔、孟而下，有荀子矣，有老、莊、釋氏矣，然六經、孔、孟之道猶在也。自宋儒雜荀子及老、莊、釋氏以入六經、孔、孟之書，學者莫知其非，而六經、孔、孟之道亡矣。

孟子字義疏證卷中

天道 四條

道，猶行也；氣化流行，生生不息，是故謂之道。易曰：「一陰一陽之謂道。」洪範：「五行：一曰水，二曰火，三曰木，四曰金，五曰土。」行亦道之通稱。詩載馳：「女子善懷，亦各有行。」毛傳云：「行，道也。」竹竿：「女子有行，遠兄弟父母。」鄭箋云：「行，道也。」舉陰陽則賅五行，陰陽各具五行也；舉五行卽賅陰陽，五行各有陰陽也。大戴禮記曰：「分於道謂之命，形於一謂之性。」言分於陰陽五行以有人物，而人物各限於所分以成其性。陰陽五行，道之實體也；血氣心知，性之實體也。有實體，故可分；惟分也，故不齊。古人言性惟本於天道如是。

問：易曰：「形而上者謂之道，形而下者謂之器。」程子云：「惟此語截得上下最分明，元來止此是道，要在人默而識之。」後儒言道，多得之此。朱子云：「陰陽，氣也，形而下者也；所以一陰一陽者，理也，形而上者也；道卽理之謂也。」朱子此言，以道之稱惟理足以當之。今但曰「氣化流行，生生不息」，乃程朱所目爲形而下者；其說據易之言以爲言，是以學者信之。然則易之解可得聞歟？

曰：氣化之於品物，則形而上下之分也。形乃品物之謂，非氣化之謂。易又有之：「立天之道，曰陰與陽。」直舉陰陽，不聞辨別所以陰陽而始可當道之稱，豈聖人立言皆辭不備哉？一陰一陽，流行不已，夫是之謂道而已。古人言辭，「之謂」「謂之」有異：凡曰「之謂」，以上所稱解下，如中庸「天命之謂性，率性之謂道，修道之謂教」，此爲性、道、教言之，若曰性也者天命之謂也，道也者率性之謂也，教也者修道之謂也；易「一陰一陽之謂道」，則爲天道言之，若曰道也者一陰一陽之謂也。凡曰「謂之」者，以下所稱之名辨上之實，如中庸「自誠明謂之性，自明誠謂之教」，此非爲性教言之，以性教區別「自誠明」「自明誠」二者耳。易「形而上者謂之道，形而下者謂之器」，本非爲道器言之，以道器區別其形而上形而下耳。形謂已成形質，形而上猶曰形以前，形而下猶曰形以後。如言「千載而上，千載而下」。詩：「下武維周。」鄭箋云：「下，猶後也。」陰陽之未成形質，是謂形而上者也，非形而下明矣。器言乎一成而不變，道言乎體物而不可遺。不徒陰陽非形而下，如五行水火木金土，有質可見，固形而下也，器也；其五行之氣，人物咸稟受於此，則形而上者也。易言「一陰一陽」，洪範言「初一曰五行」，舉陰陽，舉五行，即賅鬼神；中庸言鬼神之「體物而不可遺」，即物之不離陰陽五行以成形質也。由人物遡而上之，至是止矣。六經、孔、孟之書不聞理氣之辨，而後儒創言之，遂以陰陽屬形而下，實失道之名義也。

問：後儒論陰陽，必推本「太極」，云：「無極而太極，太極動而生陽；動極而靜，靜而生陰；靜極復動。一動一靜，互爲其根；分陰分陽，兩儀立焉。」朱子釋之云：「太極生陰陽，理生氣也。

陰陽既生，則太極在其中，理復在氣之內也。」又云：「太極，形而上之道也；陰陽，形而下之器也。」今既辨明形乃品物，非氣化，然則「太極」「兩儀」，後儒據以論道者，亦必傅合失之矣。自宋以來，學者惑之已久，將何以解其惑歟？

曰：後世儒者紛紛言太極，言兩儀，非孔子贊易太極兩儀之本指也。孔子曰：「易有太極，是生兩儀，兩儀生四象，四象生八卦。」曰儀，曰象，曰卦，皆據作易言之耳，非氣化之陰陽得兩儀四象之名。易備於六十四，自八卦重之，故八卦者，易之小成，有天、地、山、澤、雷、風、水、火之義焉。其未成卦畫，一奇以儀陽，一偶以儀陰，故稱兩儀。奇而遇奇，陽已長也，以象太陽；奇而遇偶，陰始生也，以象少陰；偶而遇偶，陰已長也，以象太陰；偶而遇奇，陽始生也，以象少陽。伏羲氏覩於氣化流行，而以奇偶儀之象之。孔子贊易，蓋言易之爲書起於卦畫，非漫然也，實有見於天道一陰一陽爲物之終始會歸，乃畫奇偶兩者從而儀之，故曰「易有太極，是生兩儀」。既有兩儀，而四象，而八卦，以次生矣。孔子以太極指氣化之陰陽，承上文「明於天之道」言之，卽所云「一陰一陽之謂道」，以兩儀四象、八卦指易畫。後世儒者以兩儀爲陰陽，而求太極於陰陽之所由生，豈孔子之言乎！

問：宋儒之言形而上下，言道器，言太極兩儀，今據孔子贊易本文疏通證明之，洵於文義未協。其見於理氣之辨也，求之六經中無其文，故借太極、兩儀、形而上下之語以飾其說，以取信學者歟？

曰：舍聖人立言之本指，而以己說爲聖人所言，是誣聖；借其語以飾吾之說，以求取信，是欺學者也。誣聖欺學者，程朱之賢不爲也。蓋其學借階於老、莊、釋氏，是故失之。凡習於先入之言，往往受其蔽而不自覺。在老、莊、釋氏就一身分言之，有形體，有神識，而以神識爲本。推而上之，以神爲有天地之本，老氏云：「有物混成，先天地生。」又云：「道之爲物，惟恍惟忽。忽兮恍兮，其中有象；恍兮忽兮，其中有物。」釋氏書：「問：『如何是佛？』曰：『見性爲佛。』『如何是性？』曰：『作用爲性。』『如何是作用？』曰：『在目曰見，在耳曰聞，在鼻臭香，在口談論，在手執捉，在足運奔。徧見俱該法界，收攝在一微塵，識者知是佛性，不識喚作精魂。』」遂求諸無形無迹者爲實有，而視有形有迹爲幻。在宋儒以形氣神識同爲己之私，而理得於天。推而上之，於理氣截之分明，以理當其無形無迹之實有，而視有形有迹爲粗。益就彼之言而轉之，朱子辨釋氏云：「儒者以理爲不生不滅，釋氏以神識爲不生不滅。」因視氣曰「空氣」，陳安卿云：「二氣流行萬古，生生不息，不成只是空氣，必有主宰之者，理是也。」視心曰「性之郛郭」，邵子云：「心者，性之郛郭。」是彼別形神爲二本，而宅於空氣宅於郛郭者爲天地之神與人之神。此別理氣爲二本，朱子云：「天地之間，有理有氣。理也者，形而上之道也，生物之本也；氣也者，形而下之器也，生物之具也。是以人物之生，必稟此理然後有性也，稟此氣然後有形。」而宅於空氣、宅於郛郭者，爲天地之理與人之理。由考之六經、孔、孟，茫然不得所謂性與天道者，及從事老、莊、釋氏有年，覺彼之所指，獨遺夫理義而不言，是以觸於形而上下之云，太極兩儀之稱，頓然有悟，遂創爲理氣之辨，不復能詳審文義。其以理爲氣之主宰，如彼以神爲氣之主宰也。以理能生氣，如彼以神能生氣也。老氏云：「一生二，二生三，三生萬物。萬物負陰而抱陽，沖氣以爲和。」以理壞於形氣，無人欲之蔽則復其初，如彼以神受形而生，不以物欲累之則復其初也。皆改其所指神識者以指理，徒援彼例此，而實非得之於此。學者轉相傳述，適所以誣聖亂經。善夫韓退之氏曰：「學者必慎所道。道於楊、墨、老、莊、佛之學而欲之聖人之道，猶航斷港絕潢以望至於海也。」此宋儒之謂也。

性 九條

性者，分於陰陽五行以爲血氣、心知、品物，區以別焉，舉凡既生以後所有之事，所具之能，所全之德，咸以是爲其本，故易曰「成之者性也」。氣化生人生物以後，各以類滋生久矣；然類之區別，千古如是也，循其故而已矣。在氣化曰陰陽，曰五行，而陰陽五行之成化也，雜糅萬變，是以及其流形，不特品物不同，雖一類之中又復不同。凡分形氣於父母，即爲分於陰陽五行，人物以類滋生，皆氣化之自然。中庸曰：「天命之謂性。」以生而限於天，故曰天命。大戴禮記曰：「分於道謂之命，形於一謂之性。」分於道者，分於陰陽五行也。一言乎分，則其限之於始，有偏全、厚薄、清濁、昏明之不齊，各隨所分而形於一，各成其性也。然性雖不同，大致以類爲之區別，故論語曰「性相近也」，此就人與人相近言之也。孟子曰：「凡同類者舉相似也，何獨至於人而疑之！聖人與我同類者」，言同類之相似，則異類之不相似明矣；故詰告子「生之謂性」曰：「然則犬之性猶牛之性，牛之性猶人之性與」，明乎其必不可混同言之也。天道，陰陽五行而已矣；人物之性，咸分於道，成其各殊者而已矣。

問：論語言性相近，孟子言性善，自程子朱子始別之，以爲截然各言一性，朱子於論語引程子云：「此言氣質之性，非言性之本也。若言其本，則性卽是理。理無不善，孟子之言性善是也，何相近之有哉！」反取告子「生之謂性」之說爲合於孔子，程子云：「性一也，何以言相近？此止是言氣質之性，如俗言性急性緩之類。性安有緩急？此言性者，生之謂性也。」又云：「凡言性處，須看立意如何。且如言人性善，性之本也；生之謂性，論其所稟也。孔子言性相近，若論其本，豈可言相近？止論其所稟也。告子所云固是，爲孟子問他，他說便不是也。」創立名目曰「氣質之性」，而以理當孟子所謂善者爲生物之本，程子云：「孟子言性，當隨文看。不以告子『生之謂性』爲不然者，此亦性也，被命受生之後謂之性耳，故不同。繼之曰『犬之性猶牛之性，牛之性猶人之性與』，然不害爲一。若乃孟子之言善者，乃極本窮源之性。」人與禽獸得之也同，程子所謂「不害爲一」，朱子於中庸「天命之謂性」釋之曰：「命，猶令也，性，卽理也。天以陰陽五行化生萬物，氣以成形而理亦賦焉，猶命令也。於是人物之生，因各得其所賦之理以爲健順五常之德，所謂性也。」而致疑於孟子。朱子云：「孟子言『人所以異於禽獸者幾希』，不知人何故與禽獸異；又言『犬之性猶牛之性，牛之性猶人之性與』，不知人何故與牛犬異。此兩處似欠中間一轉語，須著說是「形氣不同故性亦少異」始得。恐孟子見得人性同處，自是分曉直截，卻於這些子未甚察。」是謂性卽理，於孟子且不可通矣，其不能通於易論語固宜。孟子聞告子言「生之謂性」，則致詰之；程朱之說，不幾助告子而議孟子歟？

曰：程子朱子其初所講求者，老、莊、釋氏也。老、莊、釋氏自貴其神而外形體，顯背聖人，毀訾仁義。告子未嘗有神與形之別，故言「食色性也」，而亦尚其自然，故言「性無善無不善」；雖未嘗毀訾仁義，而以桮棬喻義，則是災杞柳始爲桮棬，其指歸與老、莊、釋氏不異也。凡血氣之屬，皆知懷生畏死，因而趨利避害；雖明暗不同，不出乎懷生畏死者同也。人之異於禽獸不在是。禽獸知母而不知父，限於知覺也；然愛其生之者及愛其所生，與雌雄牝牡之相愛，同類之不相噬，習處之不相齧，進乎懷生畏死矣。一私於身，一及於身之所親，皆仁之屬也。私於身者，仁其身也；及於身之所親者，仁其所親也；心知之發乎自然有如是。人之異於禽獸亦不在是。告子以自然爲性使之然，以義爲非自然，轉制其自然，使之強而相從，故言「仁，內也，非外也；義，外也，非內也」，立說之指歸，保其生而已矣。陸子靜云：「惡能害心，善亦能害心。」此言實老、莊、告子、釋氏之宗指，貴其自然以保其生。誠見窮人欲而流於惡者適足害生，卽慕仁義爲善，勞於問學，殫思竭慮，亦於生耗損，於此見定而心不動。其「生之謂性」之說如是也，豈得合於孔子哉！易、論語、孟子之書，其言性也，咸就其分於陰陽五行以成性爲言；成，則人與百物，偏全、厚薄、清濁、昏明限於所分者各殊，徒曰生而已矣，適同人於犬牛而不察其殊。朱子釋孟子有曰：「告子不知性之爲理，而以所謂氣者當之，蓋徒知知覺運動之蠢然者，人與物同，而不知仁義禮智之粹然者，人與物異也。」如其說，孟子但舉人物詰之可矣，又何分㊀牛之性犬之性乎？犬與牛之異，非有仁義禮智之粹然者，不得謂孟子以仁義禮智詰告子明矣。在告子既以知覺運動爲性，使知覺運動之蠢然者人與物同，告子何不可直應之曰「然」？斯以見知覺運動之不可概人物，而目爲蠢然同也。

㊀「何分」原作「分何」。

凡有生，即不隔於天地之氣化。陰陽五行之運而不已，天地之氣化也，人物之生生本乎是，由其分而有之不齊，是以成性各殊。知覺運動者，統乎生之全言之也，由其成性各殊，是以本之以生，見乎知覺運動也亦殊。氣之自然潛運，飛潛動植皆同，此生生之機肖乎天地者也，而其本受之氣，與所資以養者之氣則不同。所資以養者之氣，雖由外而入，大致以本受之氣召之。五行有生克，遇其克之者則傷，甚則死，此可知性之各殊矣。本受之氣及所資以養者之氣，必相得而不相逆，斯外內爲一，其分於天地之氣化以生，本相得，不相逆也。氣運而形不動者，卉木是也；凡有血氣者，皆形能動者也。由其成性各殊，故形質各殊；則其形質之動而爲百體之用者，利用不利用亦殊。知覺云者，如寐而寤曰覺，心之所通曰知，百體皆能覺，而心之知覺爲大。凡相忘於習則不覺，見異焉乃覺。魚相忘於水，其非生於水者不能相忘於水也，則覺不覺亦有殊致矣。聞蟲鳥以爲候，聞雞鳴以爲辰，彼之感而覺，覺而聲應之，又覺之殊致有然矣，無非性使然也。若夫鳥之反哺，雎鳩之有別，蜂蟻之知君臣，豺之祭獸，獺之祭魚，合於人之所謂仁義者矣，而各由性成。人則能擴充其知至於神明，仁義禮智無不全也。仁義禮智非他，心之明之所止也，知之極其量也。知覺運動者，人物之生；知覺運動之所以異者，人物之殊其性。孟子曰：「心之所同然者，謂理也，義也；聖人先得我心之所同然耳。」於義外之說必致其辨，言理義之爲性，非言性之爲理。性者，血氣心知本乎陰陽五行，人物莫不區以別焉是也，而理義者，人之心知，有思輒通，能不惑乎所行也。「孟子道性善，言必稱堯舜」，非謂盡人生而堯舜也。自堯舜而下，其等差凡幾？則其氣稟固不齊，豈得謂非性有不同？然人之心知，於人倫日用，隨在而知惻隱，知羞惡，知恭敬辭讓，知是非，端緒可舉，此之謂性善。於其知惻隱，則擴而充之，仁無不盡；於其知羞惡，則擴而充之，義無不盡；於其知恭敬辭讓，則擴而充之，禮無不盡；於其知是非，則擴而充之，智無不盡。仁義禮智，懿德之目也。孟子言「今人乍見孺子將入井，皆有怵惕惻隱之心」，然則所謂惻隱、所謂仁者，非心知之外別「如有物焉藏於心」也。己知懷生而畏死，故怵惕於孺子之危，惻隱於孺子之死，使無懷生畏死之心，又焉有怵惕惻隱之心？推之羞惡、辭讓、是非亦然。使飲食男女與夫感於物而動者脫然無之，以歸於靜，歸於一，又焉有羞惡，有辭讓，有是非？此可以明仁義禮智非他，不過懷生畏死，飲食男女，與夫感於物而動者之皆不可脫然無之，以歸於靜，歸於一，而恃人之心知異於禽獸，能不惑乎所行，卽爲懿德耳。古賢聖所謂仁義禮智，不求於所謂欲之外，不離乎血氣心知，而後儒以爲別如有物湊泊附著以爲性，由雜乎老、莊、釋氏之言，終昧於六經、孔、孟之言故也。孟子言「人無有不善」，以人之心知異於禽獸，能不惑乎所行之爲善。且其所謂善也，初非無等差之善，卽孔子所云「相近」；孟子所謂「苟得其養，無物不長；苟失其養，無物不消」，所謂「求則得之，舍則失之；或相倍蓰而無算者，不能盡其才者也」，卽孔子所云習至於相遠。不能盡其才，言不擴充其心知而長惡遂非也。彼悖乎禮義者，亦自知其失也，是人無有不善，以長惡遂非，故性雖善，不乏小人。孟子所謂「梏之反覆」，「違禽獸不遠」，卽孔子所云「下愚之不移」。後儒未審其文義，遂彼此扞格。孟子曰：「如使口之於味也，其性與人殊，若犬馬之與我不同類也，則天下何耆皆從易牙之於味也！」又言「動心忍性」，是孟子矢口言之，無非血氣心知之性。孟子言性，曷嘗自岐爲二哉！二之者，宋儒也。

問：凡血氣之屬皆有精爽，而人之精爽可進於神明。論語稱「上智與下愚不移」，此不待習而相遠者；雖習不足以移之，豈下愚之精爽與物等歟？

曰：生而下愚，其人難與言理義，由自絕於學，是以不移。然苟畏威懷惠，一旦觸於所畏所懷之人，啓其心而憬然覺寤，往往有之。苟悔而從善，則非下愚矣；加之以學，則日進於智矣。以不移定爲下愚，又往往在知善而不爲，知不善而爲之者，故曰不移，不曰不可移。雖古今不乏下愚，而其精爽幾與物等者，亦究異於物，無不可移也。

問：孟子之時，因告子諸人紛紛各立異說，故直以性善斷之；孔子但言相近，意在於警人愼習，非因論性而發，故不必直斷曰善歟？

曰：然。古賢聖之言至易知也。如古今之常語，凡指斥下愚者，矢口言之，每曰「此無人性」，稍舉其善端，則曰「此猶有人性」。以人性爲善稱，是不言性者，其言皆協於孟子，而言性者轉失之。無人性卽所謂人見其禽獸也，有人性卽相近也，善也。論語言相近，正見「人無有不善」；若不善，與善相反，其遠已縣絕，何近之有！分別性與習，然後有不善，而不可以不善歸性。凡得養失養及陷溺梏亡，咸屬於習。至下愚之不移，則生而蔽錮，其明善也難而流爲惡也易，究之性能開通，非不可移，視禽獸之不能開通亦異也。

問：孟子言性，舉仁義禮智四端，與孔子之舉智愚有異乎？

曰：人之相去，遠近明昧，其大較也，學則就其昧焉者牖之明而已矣。人雖有智有愚，大致相近，而智愚之甚遠者蓋鮮。智愚者，遠近等差殊科，而非相反；善惡則相反之名，非遠近之名。知人之成性，其不齊在智愚，亦可知任其愚而不學不思乃流爲惡。愚非惡也，人無有不善明矣。舉智而不及仁、不及禮義者，智於天地、人物、事爲咸足以知其不易之則，仁有不至，禮義有不盡，可謂不易之則哉？發明孔子之道者，孟子也，無異也。

問：孟子言性善，門弟子如公都子已列三說，茫然不知性善之是而三說之非。荀子在孟子後，直以爲性惡，而伸其崇禮義之說。荀子既知崇禮義，與老子言「禮者忠信之薄而亂之首」及告子「外義」，所見懸殊；又聞孟子性善之辨，於孟子言「聖人先得我心之所同然」亦必聞之矣，而猶與之異，何也？

曰：荀子非不知人之可以爲聖人也，其言性惡也，曰：「塗之人可以爲禹。」「塗之人者，皆內可以知父子之義，外可以知君臣之正。」「其可以知之質，可以能之具，在塗之人，其可以爲禹明矣。」「使塗之人伏術爲學，專心一志，思索孰察，加日縣久，積善而不息，則通於神明，參於天地矣。故聖人者，人之所積而致(也)〔矣〕。」「聖可積而致，然而皆不可積，何也？」「可以而不可使也」。「塗之人可以爲禹則然，塗之人能爲禹，未必然也；雖不能爲禹，無害可以爲禹。」此於性善之說不惟不相悖，而且若相發明。終斷之曰：「足可以徧行天下，然而未嘗有能徧行天下者也。」「能不能之與可不可，其不（可）同遠矣。」蓋荀子之見，歸重於學，而不知性之全體。其言出於尊聖人，出於重學崇禮義。首之以勸學篇，有曰：「誦數以貫之，思索以通之，爲其人以處之，除其害者以持養之。」又曰：「積善成德，神明自得，聖心循焉。」荀子之善言學如是。且所謂通於神明，參於天地者，又知禮義之極致，聖人與天地合其德在是，聖人復起，豈能易其言哉！而於禮義與性，卒視若閡隔不可通。以聖人異於常人，以禮義出於聖人之心，常人學然後能明禮義，若順其性之自然，則生爭奪；以禮義爲制其性，去爭奪者也，因性惡而加矯揉之功，使進於善，故貴禮義；苟順其自然而無爭奪，安用禮義爲哉！又以禮義雖人皆可以知，可以能，聖人雖人之可積而致，然必由於學。弗學而能，乃屬之性；學而後能，弗學雖可以而不能，不得屬之性。此荀子立說之所以異於孟子也。

問：荀子於禮義與性，視若閡隔而不可通，其蔽安在？今何以決彼之非而信孟子之是？

曰：荀子知禮義爲聖人之敎，而不知禮義亦出於性；知禮義爲明於其必然，而不知必然乃自然之極則，適以完其自然也。就孟子之書觀之，明理義之爲性，舉仁義禮智以言性者，以爲亦出於性之自然，人皆弗學而能，學以擴而充之耳。荀子之重學也，無於內而取於外；孟子之重學也，有於內而資於外。夫資於飲食，能爲身之營衛血氣者，所資以養者之氣，與其身本受之氣，原於天地非二也。故所資雖在外，能化爲血氣以益其內，未有內無本受之氣，與外相得而徒資焉者也。問學之於德性亦然。有己之德性，而問學以通乎古賢聖之德性，是資於古賢聖所言德性埤益己之德性也。

治金若水，而不聞以金益水，以水益金，豈可云已本無善，已無天德，而積善成德，如罍之受水哉！以是斷之，荀子之所謂性，孟子非不謂之性，然而荀子舉其小而遺其大也，孟子明其大而非舍其小也。

問：告子言「生之謂性」，言「性無善無不善」，言「食色性也，仁內義外」，朱子以爲同於釋氏；朱子云：「生，指人物之所以知覺運動者而言，與近世佛氏所謂『作用是性』者略相似。」又云：「告子以人之知覺運動者爲性，故言人之甘食悅色者卽其性。」其「杞柳」「湍水」之喻，又以爲同於荀揚；朱子於「杞柳」之喻云：「如荀子性惡之說。」於「湍水」之喻云：「近於揚子善惡混之說。」然則荀揚亦與釋氏同歟？

曰：否。荀揚所謂性者，古今同謂之性，卽後儒稱爲「氣質之性」者也，但不當遺理義而以爲惡耳。在孟子時，則公都子引或曰「性可以爲善，可以爲不善」，或曰「有性善，有性不善」，言不同而所指之性同。荀子見於聖人生而神明者，不可槪之人人，其下皆學而後善，順其自然則流於惡，故以惡加之；論似偏，與「有性不善」合，然謂禮義爲聖心，是聖人之性獨善，實兼公都子兩引「或曰」之說。揚子見於長善則爲善人，長惡則爲惡人，故曰「人之性也善惡混」，又曰「學則正，否則邪」，與荀子論斷似參差而匪異。韓子言「性之品有上中下三，上焉者善焉而已矣，中焉者可導而上下也，下焉者惡焉而已矣」，此卽公都子兩引「或曰」之說會通爲一。朱子云：「氣質之性固有美惡之不同矣，然以其初而言，皆不甚相遠也，但習於善則善，習於惡則惡，於是始相遠耳。」「人之氣質，相近之中又有美惡，一定，而非習之所能移也。」直會通公都子兩引「或曰」之說解論語矣。程子云：「有自幼而善，有自幼而惡，是氣稟有然也。善固性也，然惡亦不可不謂之性也。」朱子語類：「問：『惡是氣稟，如何云亦不可不謂之性？』曰：『既是氣稟，惡便牽引得那性不好。蓋性止是搭附在氣稟上，既是氣稟不好，便和那性壞了。』」又云：「如水爲泥沙所混，不成不喚做水。」此與「有性善，有性不善」合，而於「性可以爲善，可以爲不善」亦未嘗不兼；特彼仍其性之名，此別之曰氣稟耳。程子又云：「『人生而靜』以上不容說，纔說性時，便已不是性也。」朱子釋之云：「『人生而靜』以上是人物未生時，止可謂之理，未可名爲性，所謂『在天曰命』也。纔說性時便是人生以後，此理已墮在形氣中，不全是性之本體矣。所謂『在人曰性』也。」據樂記，「人生而靜」與「感於物而動」對言之，謂方其未感，非謂人物未生也。中庸「天命之謂性」，謂氣稟之不齊，各限於生初，非以理爲在天在人異其名也。況如其說，是孟子乃追遡人物未生，未可名性之時而曰性善；若就名性之時，已是人生以後，已墮在形氣中，安得斷之曰善？由是言之，將天下古今惟上聖之性不失其性之本體，自上聖而下，語人之性，皆失其性之本體。人之爲人，舍氣稟氣質，將以何者謂之人哉？是孟子言人無有不善者，程子朱子言人無有不惡，其視理儼如有物，以善歸理，雖顯遵孟子性善之云，究之孟子就人言之者，程朱乃離人而空論夫理，故謂孟子「論性不論氣不備」。若不視理如有物，而其見於氣質不善，卒難通於孟子之直斷曰善。宋儒立說，似同於孟子而實異，似異於荀子而實同也。孟子不曰「性無有不善」，而曰「人無有不善」。性者，飛潛動植之通名；性善者，論人之性也。如飛潛動植，舉凡品物之性，皆就其氣類別之。人物分於陰陽五行以成性，舍氣類，更無性之名。醫家用藥，在精辨其氣類之殊。不別其性，則能殺人。使曰「此氣類之殊者已不是性」，良醫信之乎？試觀之桃與杏：取其核而種之，萌芽甲坼，根榦枝葉，爲華爲實，形色臭味，桃非杏也，杏非桃也，無一不可區別。由性之不同，是以然也。其性存乎核中之白，卽俗呼桃仁杏仁者。形色臭味無一或闕也。凡植禾稼卉木，畜鳥獸蟲魚，皆務知其性。知其性者，知其氣類之殊，乃能使之碩大蕃滋也。何獨至於人而指夫分於陰陽五行以成性者，曰「此已不是性也」，豈其然哉？自古及今，統人與百物之性以爲言，氣類各殊是也。專言乎血氣之倫，不獨氣類各殊，而知覺亦殊。人以有禮義，異於禽獸，實人之知覺大遠乎物則然，此孟子所謂性善。而荀子視禮義爲常人心知所不及，故別而歸之聖人。程子朱子見於生知安行者罕覯，謂氣質不得槪之曰善，荀揚之見固如是也。特以如此則悖於孟子，故截氣質爲一性，言君子不謂之性；截理義爲一性，別而歸之天，以附合孟子。其歸之天不歸之聖人者，以理爲人與我。是理者，我之本無也，以理爲天與我，庶幾湊泊附著，可融爲一。是借天爲說，聞者不復疑於本無，遂信天與之得爲本有耳。彼荀子見學之不可以已，非本無，何待於學？而程子朱子亦見學之不可以已，其本有者，何以又待於學？故謂「爲氣質所汚壞」，以便於言本有者之轉而如本無也。於是性之名移而加之理，而氣化生人生物，適以病性。性譬水之清，因地而汚濁，程子云：「有流而至海，終無所汚，此何煩人力之爲也；有流而未遠，固已漸濁；有出而甚遠，方有所濁。有濁之多者，有濁之少者，清濁雖不同，然不可以濁者不爲水也。如此，則人不可以不加澄治之功。故用力敏勇，則疾清；用力緩怠，則遲清。及其清也，則卻止，是元初水也，亦不是將清來換卻濁，亦不是取出濁來置在一隅也。水之清，則性善之謂也。」

不過從老、莊、釋氏所謂眞宰眞空者之受形以後，昏昧於欲，而改變其說。特彼以眞宰眞空爲我，形體爲非我，此仍以氣質爲我，難言性爲非我，則惟歸之天與我而後可謂之我有，亦惟歸之天與我而後可爲完全自足之物，斷之爲善，惟使之截然別於我，而後雖天與我完全自足，可以咎我之壞之而待學以復之，以水之清喻性，以受汚而濁喻性墮於形氣中汚壞，以澄之而清喻學。水靜則能清，老、莊、釋氏之主於無欲，主於靜寂是也。因改變其說爲主敬，爲存理，依然釋氏敎人認本來面目，敎人常惺惺之法。若夫古賢聖之由博學、審問、愼思、明辨、篤行以擴而充之者，豈徒澄清已哉？程子朱子於老、莊、釋氏既入其室，操其矛矣，然改變其言，以爲六經、孔、孟如是，按諸荀子差近之，而非六經、孔、孟也。

問：孟子曰：「口之於味也，目之於色也，耳之於聲也，鼻之於臭也，四肢之於安佚也，性也，有命焉，君子不謂性也；仁之於父子也，義之於君臣也，禮之於賓主也，智之於賢者也，聖人之於天道也，命也，有性焉，君子不謂命也。」宋儒以氣質之性非性，其說本此。張子云：「形而後有氣質之性，善反之，則天地之性存焉。故氣質之性，君子有弗性者焉。」程子云：「論性不論氣，不備；論氣不論性，不明。」在程朱以理當孟子之所謂善者，而譏其未備。朱子云：「孟子說性善，是論性不論氣。荀揚而下是論氣不論性。孟子終是未備，所以不能杜絕荀揚之口。然不備，但少欠耳；不明，則大害矣。」然於聲色、臭味、安佚之爲性，不能謂其非指氣質，則以爲據世之人云爾；朱子云：「世之人以前五者爲性，以後五者爲命。」於性相近之言，不能謂其非指氣質，是世之人同於孔子，而孟子別爲異說也。朱子答門人云：

「氣質之說，起於張程。韓退之原性中說『三品』，但不曾分明說是氣質之性耳；孟子謂性善，但說得本原處，下面不曾說得氣質之性，所以亦費分疏；諸子說性惡與善惡混；使張程之說早出，則許多說話自不用紛爭。」是又以荀、揚、韓同於孔子。至告子亦屢援性相近以證其生之謂性之說，將使告子分明說是氣質之性，孟子不得而辯之矣；孔子亦未云氣質之性，豈猶夫告子，猶夫荀揚之論氣不論性不明歟？程子深訾荀揚不識性，程子云：「荀子極偏駁，止一句性惡，大本已失；揚子雖少過，然亦不識性，便說甚道。」以自伸其謂性即理之異於荀揚。獨性相近一言見論語，程子雖曰「理無不善，何相近之有」，而不敢以與荀揚同譏，苟非孔子之言，將譏其人不識性矣。今以孟子與孔子同，程朱與荀揚同，孔孟皆指氣稟氣質，而人之氣稟氣質異於禽獸，心能開通，行之不失，即謂之理義；程朱以理爲如有物焉，實雜乎老、莊、釋氏之言。然則程朱之學殆出老釋而入荀揚，其所謂性，非孔孟之所謂性，其所謂氣質之性，乃荀揚之所謂性歟？

曰：然。人之血氣心知，原於天地之化者也。有血氣，則所資以養其血氣者，聲、色、臭、味是也。有心知，則知有父子，有昆弟，有夫婦，而不止於一家之親也，於是又知有君臣，有朋友；五者之倫，相親相治，則隨感而應爲喜、怒、哀、樂。合聲、色、臭、味之欲，喜、怒、哀、樂之情，而人道備。「欲」根於血氣，故曰性也，而有所限而不可踰，則命之謂也。仁義禮智之懿不能盡人如一者，限於生初，所謂命也，而皆可以擴而充之，則人之性也。謂㊀猶云「藉口於性」耳；

㊀「謂」下疑脫「性」字。

君子不藉口於性以逞其欲，不藉口於命之限之而不盡其材。後儒未詳審文義，失孟子立言之指。不謂性非不謂之性，不謂命非不謂之命。由此言之，孟子之所謂性，卽口之於味、目之於色、耳之於聲、鼻之於臭、四肢於安佚之爲性；所謂人無有不善，卽能知其限而不踰之爲善，卽血氣心知能底於無失之爲善；所謂仁義禮智，卽以名其血氣心知，所謂原於天地之化者之能協於天地之德也。此荀揚之所未達，而老、莊、告子、釋氏昧焉而妄爲穿鑿者也。

孟子字義疏證卷下

才 三條

才者，人與百物各如其性以爲形質，而知能遂區以別焉，孟子所謂「天之降才」是也。氣化生人生物，據其限於所分而言謂之命，據其爲人物之本始而言謂之性，據其體質而言謂之才。由成性各殊，故才質亦殊。才質者，性之所呈也；舍才質安覩所謂性哉！以人物譬之器，才則其器之質也；分於陰陽五行而成性各殊，則才質因之而殊。猶金錫之在冶，冶金以爲器，則其器金也；冶錫以爲器，則其器錫也；品物之不同如是矣。從而察之，金錫之精良與否，其器之爲質，一如乎所冶之金錫，一類之中又復不同如是矣。爲金爲錫，及其金錫之精良與否，性之喻也；其分於五金之中，而器之所以爲器卽於是乎限，命之喻也；就器而別之，孰金孰錫，孰精良與孰否，才之喻也。故才之美惡，於性無所增，亦無所損。夫金錫之爲器，一成而不變者也；人又進乎是。自聖人而下，其等差凡幾？或疑人之才非盡精良矣；而不然也。猶金之五品，而黃金爲貴，雖其不美者，莫與之比貴也，況乎人皆可以爲賢爲聖也！後儒以不善歸氣稟；孟子所謂性，所謂才，皆言乎氣稟而已矣。其稟受之全，則性也；其體質之全，則才也。稟受之全，無可據以爲言；如桃杏之性，全於核中之白，形色臭味，無一弗具，而無可見，及萌芽甲坼，根榦枝葉，桃與杏各殊；由是爲華爲實，形色臭味無不區以別者，雖性則然，皆據才見之耳。成是性，斯爲是才。別而言之，曰命，曰性，曰才；合而言之，是謂天性。故孟子曰：「形色，天性也，惟聖人然後可以踐形。」人物成性不同，故形色各殊。人之形，官器利用大遠乎物，然而於人之道不能無失，是不踐此形也；猶言之而行不逮，是不踐此言也。踐形之與盡性，盡其才，其義一也。

問：孟子答公都子曰：「乃若其情，則可以爲善矣，乃所謂善也。若夫爲不善，非才之罪也。」朱子云：「情者，性之動也。」又云：「惻隱、羞惡、辭讓、是非，情也；仁義禮智，性也。心，統性情者也，因其情之發，而性之本然可得而見。」夫公都子問性，列三說之與孟子言性善異者，乃舍性而論情，偏舉善之端爲證。彼荀子之言性惡也，曰：「今人之性，生而有好利焉，順是，故爭奪生而辭讓亡焉；生而有疾惡焉，順是，故殘賊生而忠信亡焉；生而有耳目之欲，有好聲色焉，順是，故淫亂生而禮義文理亡焉。然則從人之性，順人之情，必出於爭奪，合於犯分亂理而歸於暴。故必將有師法之化，禮義之導，然後出於辭讓，合於文理而歸於治。用此觀之，然則人之性惡明矣。」是荀子證性惡，所舉者亦情也，安見孟子之得而荀子之失歟？

曰：人生而後有欲，有情，有知，三者，血氣心知之自然也。給於欲者，聲色臭味也，而因有愛畏；發乎情者，喜怒哀樂也，而因有慘舒；辨於知者，美醜是非也，而因有好惡。聲色臭味之欲，資以養其生；喜怒哀樂之情，感而接於物；美醜是非之知，極而通於天地鬼神。聲色臭味之愛畏以分，五行生克爲之也；喜怒哀樂之慘舒以分，時遇順逆爲之也；美醜是非之好惡以分，志慮從違爲之也；是皆成性然也。有是身，故有聲色臭味之欲；有是身，而君臣、父子、夫婦、昆弟、朋友之倫具，故有喜怒哀樂之情。惟有欲有情而又有知，然後欲得遂也，情得達也。天下之事，使欲之得遂，情之得達，斯已矣。惟人之知，小之能盡美醜之極致，大之能盡是非之極致。然後遂己之欲者，廣之能遂人之欲；達己之情者，廣之能達人之情。道德之盛，使人之欲無不遂，人之情無不達，斯已矣。欲之失爲私，私則貪邪隨之矣；情之失爲偏，偏則乖戾隨之矣；知之失爲蔽，蔽則差謬隨之矣。不私，則其欲皆仁也，皆禮義也；不偏，則其情必和易而平恕也；不蔽，則其知乃所謂聰明聖智也。孟子舉惻隱、羞惡、辭讓、是非之心謂之心，不謂之情。首云「乃若其情」，非性情之情也。孟子不又云乎：「人見其禽獸也，而以爲未嘗有才焉，是豈人之情也哉？」情，猶素也，實也。孟子於性，本以爲善，而此云「則可以爲善矣」。可之爲言，因性有等差而斷其善，則未見不可也。下云「乃所謂善也」，對上「今曰性善」之文；繼之云，「若夫爲不善，非才之罪也」。爲，猶成也，卒之成爲不善者，陷溺其心，放其良心，至於梏亡之盡，違禽獸不遠者也；言才則性見，言性則才見，才於性無所增損故也。人之性善，故才亦美，其往往不美，未有非陷溺其心使然，故曰「非天之降才爾殊」。才可以始美而終於不美，由才失其才也，不可謂性始善而終於不善。性以本始言，才以體質言也。體質戕壞，究非體質之罪，又安可咎其本始哉！倘如宋儒言「性卽理」，言「人生以後，此理已墮在形氣之中」，不全是性之本體矣。以孟子言性於陷溺梏亡之後，人見其不善，猶曰「非才之罪」者，宋儒於「天之降才」卽罪才也。

問：天下古今之人，其才各有所近。大致近於純者，慈惠忠信，謹厚和平，見善則從而恥不善；近於清者，明達廣大，不惑於疑似，不滯於習聞，其取善去不善亦易。此或不能相兼，皆才之美者也。才雖美，猶往往不能無偏私。周子言性云：「剛：善爲義，爲直，爲斷，爲嚴毅，爲榦固；惡爲猛，爲隘，爲強梁。柔：善爲慈，爲順，爲巽；惡爲懦弱，爲無斷，爲邪佞。」而以「聖人然後協於中」，此亦就才見之而明舉其惡。程子云：「性無不善，而有不善者才也。性卽理，理則自堯舜至於塗人，一也。才稟於氣，氣有清濁，稟其清者爲賢，稟其濁者爲愚。」此以不善歸才，而分性與才爲二本。朱子謂其密於孟子，朱子云：「程子此說才字，與孟子本文小異。蓋孟子專指其發於性者言之，故以爲才無不善；程子專指其稟於氣者言之，則人之才固有昏明强弱之不同矣。二說雖殊，各有所當；然以事理考之，程子爲密。」猶之譏孟子「論性不論氣，不備」，皆足證宋儒雖尊孟子，而實相與齟齬。然如周子所謂惡者，豈非才之罪歟？

曰：此偏私之害，不可以罪才，尤不可以言性。「孟子道性善」，成是性斯爲是才，性善則才亦美，然非無偏私之爲善爲美也。人之初生，不食則死；人之幼稚，不學則愚；食以養其生，充之使長；學以養其良，充之至於賢人聖人；其故一也。才雖美，譬之良玉，成器而寶之，氣澤日親，久能發其光，可寶加乎其前矣；剝之蝕之，委棄不惜，久且傷壞無色，可寶減乎其前矣。又譬之人物之生，皆不病也，其後百病交侵，若生而善病者。或感於外而病，或受損於內身之陰陽五氣勝負而病，指其病則皆發乎其體，而曰天與以多病之體，不可也。如周子所稱猛隘、強梁、懦弱、無斷、邪佞，是摘其才之病也；才雖美，失其養則然。孟子豈未言其故哉？因於失養，不可以是言人之才也。夫言才猶不可，況以是言性乎！

道 四條

人道，人倫日用身之所行皆是也。在天地，則氣化流行，生生不息，是謂道；在人物，則凡生生所有事，亦如氣化之不可已，是謂道。易曰：「一陰一陽之謂道。繼之者，善也；成之者，性也。」言由天道以有人物也。大戴禮記曰：「分於道謂之命，形於一謂之性。」言人物分於天道，是以不齊也。中庸曰：「天命之謂性，率性之謂道。」言日用事爲，皆由性起，無非本於天道然也。中庸又曰：「君臣也，父子也，夫婦也，昆弟也，朋友之交也，五者，天下之達道也。」言身之所行，舉凡日用事爲，其大經不出乎五者也。孟子稱「契爲司徒，教以人倫：父子有親，君臣有義，夫婦有別，長幼有序，朋友有信」，此即中庸所言「修道之謂教」也。曰性，曰道，指其實體實事之名；曰仁，曰禮，曰義，稱其純粹中正之名。人道本於性，而性原於天道。天地之氣化流行不已，生生不息。然而生於陸者，入水而死；生於水者，離水而死；生於南者，習於溫而不耐寒；生於北者，習於寒而不耐溫：此資之以爲養者，彼受之以害生。「天地之大德曰生」，物之不以生而以殺者，豈天地之失德哉！故語道於天地，舉其實體實事而道自見，「一陰一陽之謂道」，「立天之道曰陰與陽，立地之道曰柔與剛」是也。人之心知有明闇，當其明則不失，當其闇則有差謬之失。故語道於人，人倫日用，咸道之實事，「率性之謂道」，「修身以道」，「天下之達道五」是也。此所謂道，不可不修者也，「修道以仁」及「聖人修之以爲敎」是也。其純粹中正，則所謂「立人之道曰仁與義」，所謂「中節之爲達道」是也。中節之爲達道，純粹中正，推之天下而準也；君臣、父子、夫婦、昆弟、朋友之交，五者爲達道，但舉實事而已。智仁勇以行之，而後純粹中正。然而卽謂之達道者，達諸天下而不可廢也。易言天道而下及人物，不徒曰「成之者性」，而先曰「繼之者善」。繼謂人物於天地其善固繼承不隔者也；善者，稱其純粹中正之名；性者，指其實體實事之名。一事之善，則一事合於天；成性雖殊而其善也則一。善，其必然也；性，其自然也；歸於必然，適完其自然，此之謂自然之極致，天地人物之道於是乎盡。在天道不分言，而在人物，分言之始明。易又曰：「仁者見之謂之仁，智者見之謂之智，百姓日用而不知，故君子之道鮮矣。」言限於成性而後，不能盡斯道者衆也。

問：宋儒於命、於性、於道，皆以理當之，故云「道者，日用事物當行之理」。旣爲當行之理，則於修道不可通，故云「修，品節之也」；而於「修身以道，修道以仁」兩修字不得有異，但云「能仁其身」而不置解。於「達道五」，舉孟子所稱「敎以人倫」者實之，其失中庸之本指甚明。中庸又言「道也者，不可須臾離也」，朱子以此爲存理之說，「不使離於須臾之頃」。王文成云：「養德養身，止是一事。果能戒愼不睹，恐懼不聞，而專志於是，則神住，氣住，精住，而仙家所謂『長生久視』之說，亦在其中矣。」又云：「佛氏之『常惺惺』，亦是『常存他本來面目』耳。」程子朱子皆求之於釋氏有年，如王文成之言，乃其初所從事，後轉其說，以「常存本來面目」者為「常存天理」，故於「常惺惺」之云無所改，反以「戒慎恐懼」四字為失之重。朱子云：「心既常惺惺，而以規矩繩檢之，此內外相養之道也。」又云：「著『戒慎恐懼』四字，已是壓得重了，要之止略綽提撕，令自省覺便是。」然則中庸言「道不可離」者，其解可得聞歟？

曰：出於身者，無非道也，故曰「不可須臾離，可離非道」；「可」如「體物而不可遺」之可。凡有所接於目而睹，人亦知戒慎其儀容也；有所接於耳而聞，人亦知恐懼夫愆失也。無接於目接於耳之時，或惰慢矣；惰慢之身，即不得謂之非失道。道者，居處、飲食、言動，自身而周於身之所親，無不該焉也，故曰「修身以道」；道之責諸身，往往易致差謬，故又曰「修道以仁」。此由修身而推言修道之方，故舉仁義禮以為之準則；下言達道而歸責行之之人，故舉智、仁、勇以見其能行。「修道以仁」，因及義，因又及禮，而不言智，非遺智也，明乎禮義即智也。「智仁勇三者，天下之達德」，而不言義禮，非遺義遺禮也，智所以知義，所以知禮也。仁義禮者，道於是乎盡也；智仁勇者，所以能盡道也。故仁義禮無等差，而智仁勇存乎其人，有「生知安行」「學知利行」「困知勉行」之殊。古賢聖之所謂道，人倫日用而已矣，於是而求其無失，則仁義禮之名因之而生。非仁、義、禮有加於道也，於人倫日用行之無失，如是之謂仁，如是之謂義，如是之謂禮而已矣。宋儒合仁、義、禮而統謂之理，視之「如有物焉，得於天而具於心」，因以此為「形而上」，爲「沖漠無朕」；以人倫日用爲「形而下」，爲「萬象紛羅」。蓋由老、莊、釋氏之舍人倫日用而別有所（貴）〔謂〕道，遂轉之以言夫理。在天地，則以陰陽不得謂之道，在人物，則以氣稟不得謂之性，以人倫日用之事不得謂之道。六經、孔、孟之言，無與之合者也。

問：中庸曰：「道之不行也，我知之矣，智者過之，愚者不及也；道之不明也，我知之矣，賢者過之，不肖者不及也。」朱子於「智者」云，「知之過，以道爲不足行」；於「賢者」云，「行之過，以道爲不足知」。既謂之道矣，以爲不足行，不足知，必無其人。彼智者之所知，賢者之所行，又何指乎？中庸以道之不行屬智愚，不屬賢不肖；以道之不明屬賢不肖，不屬智愚；其意安在？

曰：智者自負其不惑也，往往行之多謬；愚者之心惑闇，宜乎動輒愆失。賢者自信其出於正不出於邪，往往執而鮮通；不肖者陷溺其心，雖覩夫事之宜，而長惡遂非與不知等。然智愚賢不肖，豈能越人倫日用之外者哉？故曰：「人莫不飲食也，鮮能知味也。」飲食，喻人倫日用；知味，喻行之無失；使舍人倫日用以爲道，是求知味於飲食之外矣。就人倫日用，舉凡出於身者求其不易之則，斯仁至義盡而合於天。人倫日用，其物也；曰仁，曰義，曰禮，其則也。專以人倫日用，舉凡出於身者謂之道，故曰「修身以道，修道以仁」，分物與則言之也；中節之爲達道，中庸之爲道，合物與則言也。

問：顏淵喟然歎曰：「仰之彌高，鑽之彌堅，瞻之在前，忽焉在後。」公孫丑曰：「道則高矣美矣，宜若登天然，似不可及也；何不使彼爲可幾及而日孳孳也？」今謂人倫日用舉凡出於身者謂之道，但就此求之，得其不易之則可矣，何以茫然無據又若是歟？

曰：孟子言，「夫道若大路然，豈難知哉」，謂人人由之。如爲君而行君之事，爲臣而行臣之事，爲父爲子而行父之事，行子之事，皆所謂道也。君不止於仁，則君道失；臣不止於敬，則臣道失；父不止於慈，則父道失；子不止於孝，則子道失；然則盡君道、臣道、父道、子道，非智仁勇不能也。質言之，曰「達道」，曰「達德」；精言之，則全乎智仁勇者，其盡君道、臣道、父道、子道，舉其事而亦不過謂之道。故中庸曰：「大哉聖人之道！洋洋乎，發育萬物，峻極於天！優優大哉！禮儀三百，威儀三千，待其人而後行。」極言乎道之大如是，豈出人倫日用之外哉！以至道歸之至德之人，豈下學所易窺測哉！今以學於聖人者，視聖人之語言行事，猶學奕於奕秋者，莫能測奕秋之巧也，莫能遽幾及之也。顏子之言又曰：「夫子循循然善誘人，博我以文，約我以禮。」中庸詳舉其目，曰博學、審問、愼思、明辨、篤行，而終之曰：「果能此道矣，雖愚必明，雖柔必強。」蓋循此道以至乎聖人之道，實循此道以日增其智，日增其仁，日增其勇也，將使智仁勇齊乎聖人。其日增也，有難有易，譬之學一技一能，其始日異而月不同；久之，人不見其進矣；又久之，已亦覺不復能進矣；人雖以國工許之，而自知未至也。顏子所以言「欲罷不能，既竭吾才，如有所立，卓爾，雖欲從之，末由也已」，此顏子之所至也。

仁義禮智 二條

仁者，生生之德也；「民之質矣，日用飲食」，無非人道所以生生者。一人遂其生，推之而與天下共遂其生，仁也。言仁可以賅義，使親愛長養不協於正大之情，則義有未盡，亦卽爲仁有未至。言仁可以賅禮，使無親疏上下之辨，則禮失而仁亦未爲得。且言義可以賅禮，言禮可以賅義；先王之以禮敎，無非正大之情；君子之精義也，斷乎親疏上下，不爽幾微。而舉義舉禮，可以賅仁，又無疑也。舉仁義禮可以賅智，智者，知此者也。易曰：「立人之道，曰仁與義。」而中庸曰：「仁者，人也，親親爲大；義者，宜也，尊賢爲大；親親之殺，尊賢之等，禮所生也。」益之以禮，所以爲仁至義盡也。語德之盛者，全乎智仁而已矣，而中庸曰：「智仁勇三者，天下之達德也。」益之以勇，蓋德之所以成也。就人倫日用，究其精微之極致，曰仁，曰義，曰禮，合三者以斷天下之事，如權衡之於輕重，於仁無憾，於禮義不愆，而道盡矣。若夫德性之存乎其人，則曰智，曰仁，曰勇，三者，才質之美也，因才質而進之以學，皆可至於聖人。自人道遡之天道，自人之德性遡之天德，則氣化流行，生生不息，仁也。由其生生，有自然之條理，觀於條理之秩然有序，可以知禮矣；觀於條理之截然不可亂，可以知義矣。在天爲氣化之生生，在人爲其生生之心，是乃仁之爲德也；在天爲氣化推行之條理，在人爲其心知之通乎條理而不紊，是乃智之爲德也。惟條理，是以生生；條理苟失，則生生之道絕。凡仁義對文及智仁對文，皆兼生生、條理而言之者也。

問：論語言「主忠信」，言「禮與其奢也寧儉，喪與其易也寧戚」；子夏聞「繪事後素」，而曰「禮後乎」；朱子云「禮以忠信爲質」，引記稱「忠信之人，可以學禮」證之；老氏直言「禮者，忠信之薄，而亂之首」，指歸幾於相似。然論語又曰：「十室之邑，必有忠信如丘者焉，不如丘之好學也。」曰：「克己復禮爲仁。」中庸於禮，以「知天」言之。孟子曰：「動容周旋中禮，盛德之至也。」重學重禮如是，忠信又不足言，何也？

曰：禮者，天地之條理也，言乎條理之極，非知天不足以盡之。卽儀文度數，亦聖人見於天地之條理，定之以爲天下萬世法。禮之設所以治天下之情，或裁其過，或勉其不及，俾知天地之中而已矣。至於人情之漓，猶飾於貌，非因飾貌而情漓也，其人情漸漓而徒以飾貌爲禮也，非惡其飾貌，惡其情漓耳。禮以治其儉陋，使化於文；喪以治其哀戚，使遠於直情而徑行。情漓者馳騖於奢與易，不若儉戚之於禮，雖不足，猶近乎制禮所起也，故以答林放問禮之本。「忠信之人，可以學禮」，言質美者進之於禮，無飾貌情漓之弊，忠信乃其人之質美，猶曰「苟非其人，道不虛行」也。至若老氏，因俗失而欲併禮去之，意在還淳反樸，究之不能必天下盡歸淳樸，其生而淳樸者，直情徑行；流於惡薄者，肆行無忌，是同人於禽獸，率天下而亂者也。君子行禮，其爲忠信之人固不待言；而不知禮，則事事爽其條理，不足以爲君子。林放問「禮之本」，子夏言「禮後」，皆重禮而非輕禮也。詩言「素以爲絢」，「素」以喻其人之嫺於儀容；上云「巧笑倩」「美目盼」者，其美乃益彰，是之謂「絢」；喻意深遠，故子夏疑之。「繪事後素」者，鄭康成云：「凡繪畫，先布衆色，然後以素分布其間以成文。」何平叔景福殿賦所謂「班間布白，疏密有章」，蓋古人畫繪定法。其注考工記「凡畫繢之事後素功」云：「素，白采也；後布之，爲其易漬汚也。」是素功後施，始五采成章爛然，貌既美而又嫺於儀容，乃爲誠美，「素以爲絢」之喻昭然矣。子夏觸於此言，不特於詩無疑，而更知凡美質皆宜進之以禮，斯君子所貴。若謂子夏後禮而先忠信則見於禮，亦如老氏之僅僅指飾貌情漓者所爲，與林放以飾貌情漓爲俗失者，意指懸殊，孔子安得許之？忠信由於質美，聖賢論行，固以忠信爲重，然如其質而見之行事，苟學不足，則失在知，而行因之謬，雖其心無弗忠弗信，而害道多矣。行之差謬，不能知之，徒自期於心無愧者，其人忠信而不好學，往往出於此，此可以見學與禮之重矣。

誠 二條

誠，實也。據中庸言之，所實者，智仁勇也；實之者，仁也，義也，禮也。由血氣心知而語於智仁勇，非血氣心知之外別有智，有仁，有勇以予之也。就人倫日用而語於仁，語於禮義，舍人倫日用，無所謂仁，所謂義，所謂禮也。血氣心知者，分於陰陽五行而成性者也，故曰「天命之謂性」；人倫日用，皆血氣心知所有事，故曰「率性之謂道」。全乎智仁勇者，其於人倫日用，行之而天下睹其仁，睹其禮義，善無以加焉，「自誠明」者也；學以講明人倫日用，務求盡夫仁，盡夫禮義，則其智仁勇所至，將日增益以㊀於聖人之德之盛，「自明誠」者也。質言之，曰人倫日用；

精言之，曰仁，曰義，曰禮。所謂「明善」，明此者也；所謂「誠身」，誠此者也。質言之，曰血氣心知；精言之，曰智，曰仁，曰勇。所謂「致曲」，致此者也；所謂「有誠」，有此者也。言乎其盡道，莫大於仁，而兼及義，兼及禮；言乎其能盡道，莫大於智，而兼及仁，兼及勇。是故善之端不可勝數，舉仁義禮三者而善備矣；德性之美不可勝數，舉智仁勇三者而德備矣。曰善，曰德，盡其實之謂誠。

問：中庸言：「或生而知之，或學而知之，或困而知之；或安而行之，或利而行之，或勉強而行之。」朱子云：「所知所行，謂達道也。」今據上文云「君臣也，父子也」之屬，但舉其事，即稱之曰「達道」；以智仁勇行之，而後爲君盡君道，爲臣盡臣道；然則所謂知之行之，宜承智仁勇之能盡道而言。中庸既云「所以行之者三」，又云「所以行之者一也」，程子朱子以「誠」當其所謂「一」；下云「凡爲天下國家有九經，所以行之者一也」，朱子亦謂「不誠則皆爲虛文」。在中庸，前後皆言誠矣，此何以不言「所以行之者誠也」？

曰：智也者，言乎其不蔽也；仁也者，言乎其不私也；勇也者，言乎其自強也；非不蔽不私加以自強，不可語於智仁勇。既以智仁勇行之，即誠也。使智仁勇不得爲誠，則是不智不仁不勇，又安得曰智仁勇！下云「齊明盛服，非禮不動，所以修身；去讒遠色，賤貨而貴德，所以勸賢」；既

㊀ 疑脫「至」字。

若此，亦即誠也。使「齊明盛服，非禮不動」爲虛文，則是未嘗「齊明盛服，非禮不動」也；「去讒遠色，賤貨而貴德」爲虛文，則是未嘗「去讒」，未嘗「遠色」，未嘗「賤貨貴德」也；又安得言之！其皆曰「所以行之者一也」，言人之才質不齊，而行達道之必以智仁勇，修身之必以齊明盛服，非禮不動，勸賢之必以去讒遠色，賤貨而貴德，則無不同也。孟子答公孫丑曰，「大匠不爲拙工改廢繩墨，羿不爲拙射變其彀率」，言不因巧拙而有二法也；告滕世子曰，「夫道，一而已矣」，言不因人之聖智不若堯、舜、文王而有二道也。蓋才質不齊，有生知安行，有學知利行，且有困知及勉強行。其生知安行者，足乎智，足乎仁，足乎勇者也；其學知利行者，智仁勇之少遜焉者也；困知勉強行者，智仁勇不足者也。中庸又曰，「及其知之一也」，「及其成功一也」，則智仁勇可自少而加多，以至乎其極，道責於身，舍是三者，無以行之矣。

權 五條

權，所以別輕重也。凡此重彼輕，千古不易者，常也，常則顯然共見其千古不易之重輕；而重者於是乎輕，輕者於是乎重，變也，變則非智之盡，能辨察事情而準，不足以知之。論語曰：「可與共學，未可與適道；可與適道，未可與立；可與立，未可與權。」蓋同一所學之事，試問何爲而學，其志有去道甚遠者矣，求祿利聲名者是也，故「未可與適道」；道責於身，不使差謬，而觀其守道，能不見奪者寡矣，故「未可與立」；雖守道卓然，知常而不知變，由精義未深，所以增益其心知之明使全乎聖智者，未之盡也，故「未可與權」。孟子之闢楊墨也，曰：「楊墨之道不息，孔子之道不著，是邪說誣民，充塞仁義也；仁義充塞，則率獸食人，人將相食。」今人讀其書，孰知所謂「率獸食人，人將相食」者安在哉！孟子又曰：「楊子取爲我，拔一毛而利天下，不爲也；墨子兼愛，摩頂放踵利天下，爲之；子莫執中，執中爲近之，執中無權，猶執一也。所惡執一者，爲其賊道也，舉一而廢百也。」今人讀其書，孰知「無權」之故，「舉一而廢百」之爲害至鉅哉！孟子道性善，於告子言「以人性爲仁義」，則曰「率天下之人而禍仁義」，今人讀其書，又孰知性之不可不明，「戕賊人以爲仁義」之禍何如哉！老聃莊周「無欲」之說，及後之釋氏所謂「空寂」，能脫然不以形體之養與有形之生死累其心，而獨私其所謂「長生久視」，所謂「不生不滅」者，於人物一視而同用其慈，蓋合楊墨之說以爲說。由其自私，雖拔一毛可以利天下，不爲；由其外形體，溥慈愛，雖摩頂放踵以利天下，爲之。宋儒程子朱子，易老、莊、釋氏之所私者而貴理，易彼之外形體者而咎氣質；其所謂理，依然「如有物焉宅於心」。於是辨乎理欲之分，謂「不出於理則出於欲，不出於欲則出於理」，雖視人之飢寒號呼，男女哀怨，以至垂死冀生，無非人欲，空指一絕情欲之感者爲天理之本然，存之於心。及其應事，幸而偶中，非曲體事情，求如此以安之也；不幸而事情未明，執其意見，方自信天理非人欲，而小之一人受其禍，大之天下國家受其禍，徒以不出於欲，遂莫之或寤也。凡以爲「理宅於心」，「不出於欲則出於理」者，未有不以意見爲理而禍天下者也。人之患，有私有蔽；私出於情欲，蔽出於心知。無私，仁也；不蔽，智也；非絕情欲以爲仁，去心知以爲智也。是故聖賢之道，無私而非無欲；老、莊、釋氏，無欲而非無私；彼以無欲成其自私者也；此以無私通天下之情，遂天下之欲者也。凡異說皆主於無欲，不求無蔽；重行，不先重知。人見其篤行也，無欲也，故莫不尊信之。聖賢之學，由博學、審問、愼思、明辨而後篤行，則行者，行其人倫日用之不蔽者也，非如彼之舍人倫日用，以無欲爲能篤行也。人倫日用，聖人以通天下之情，遂天下之欲，權之而分理不爽，是謂理。宋儒乃曰「人欲所蔽」，故不出於欲，則自信無蔽。古今不乏嚴氣正性、疾惡如讎之人，是其所是，非其所非；執顯然共見之重輕，實不知有時權之而重者於是乎輕，輕者於是乎重。其是非輕重一誤，天下受其禍而不可救。豈人欲蔽之也哉？自信之理非理也。然則孟子言「執中無權」，至後儒又增一「執理無權」者矣。

問：宋儒亦知就事物求理也，特因先入於釋氏，轉其所指爲神識者以指理，故視理「如有物焉」，不徒曰「事物之理」，而曰「理散在事物」。事物之理，必就事物剖析至微而後理得；理散在事物，於是冥心求理，謂「一本萬殊」，謂「放之則彌六合，卷之則退藏於密」，實從釋氏所云「徧見俱該法界，收攝在一微塵」者比類得之。既冥心求理，以爲得其體之一矣；故自信無欲則謂之理，雖意見之偏，亦曰「出於理不出於欲」。徒以理爲「如有物焉」，則不以爲一理而不可；而事必有理，隨事不同，故又言「心具衆理，應萬事」；心具之而出之，非意見固無可以當此者耳。況衆理畢具於心，則一事之來，心出一理應之；易一事焉，又必易一理應之；至百千萬億，莫知紀極。心既畢具，宜可指數；其爲一，爲不勝指數，必又有說，故云「理一分殊」。然則論語兩言「(以)一〔以〕貫之」，朱子於語曾子者，釋之云：「聖人之心，渾然一理，而泛應曲當，用各不同；曾子於其用處，蓋已隨事精察而力行之，但未知其體之一耳。」此解亦必失之。二章之本義，可得聞歟？

曰：「一以貫之」，非言「以一貫之」也。道有下學上達之殊致，學有識其迹與精於道之異趨；「吾道一以貫之」，言上達之道卽下學之道也；「予一以貫之」，不曰「予學」，蒙上省文，言精於道，則心之所通，不假於紛然識其迹也。中庸曰：「(中)〔忠〕恕違道不遠。」孟子曰：「強恕而行，求仁莫近焉。」蓋人能出於己者必忠，施於人者以恕，行事如此，雖有差失，亦少矣。凡未至乎聖人，未可語於仁，未能無憾於禮義，如其才質所及，心知所明，謂之忠恕可也。聖人仁且智，其見之行事，無非仁，無非禮義，忠恕不足以名之，然而非有他也，忠恕至斯而極也。故曾子曰，「夫子之道，忠恕而已矣」。「而已矣」者，不足之辭，亦無更端之辭。下學而上達，然後能言此。論語曰：「多聞闕疑，愼言其餘；多見闕殆，愼行其餘。」又曰：「多聞，擇其善者而從之；多見而識之，知之次也。」又曰：「我非生而知之者，好古敏以求之者也。」是不廢多學而識矣。然聞見不可不廣，而務在能明於心。一事豁然，使無餘蘊，更一事而亦如是，久之，心知之明，進於聖智，雖未學之事，豈足以窮其智哉！易曰：「精義入神，以致用也。」又曰：「智周乎萬物而道濟天下，故不過。」孟子曰：「君子深造之以道，欲其自得之也；自得之，則居之安；居之安，則資之深；資之深，則取之左右逢其源。」凡此，皆精於道之謂也。心精於道，全乎聖智，自無弗貫通，非多學而識所能盡；苟徒識其迹，將日逐於多，適見不足。易又曰：「天下同歸而殊塗，一致而百慮，天下何思何慮！」

「同歸」，如歸於仁至義盡是也；「殊塗」，如事情之各區以別是也；「一致」，如心知之明盡乎聖智是也；「百慮」，如因物而通其則是也。孟子曰：「博學而詳說之，將以反說約也。」「約」謂得其至當；又曰：「守約而施博者，善道也；君子之守，修其身而天下平。」「約」謂修其身。六經、孔、孟之書，語行之約，務在修身而已，語知之約，致其心之明而已；未有空指「一」而使人知之求之者。致其心之明，自能權度事情，無幾微差失，又焉用知「一」求「一」哉？

問：論語言「克己復禮爲仁」，朱子釋之云：「己，謂身之私欲；禮者，天理之節文。」又云：「心之全德，莫非天理，而亦不能不壞於人欲。」蓋與其所謂「人生以後此理墮在形氣中」者互相發明。老、莊、釋氏，無欲而非無私；聖賢之道，無私而非無欲；謂之「私欲」，則聖賢固無之。然如顏子之賢，不可謂其不能勝私欲矣，豈顏子猶壞於私欲邪？況下文之言「爲仁由己」，何以知「克己」之「己」不與下同？此章之外，亦絕不聞「私欲」而稱之曰「己」者。朱子又云：「爲仁由己，而非他人所能與。」在「語之而不惰」者，豈容加此贅文以策勵之！其失解審矣。然則此章之解，可得聞歟？

曰：克己復禮之爲仁，以「己」對「天下」言也。禮者，至當不易之則，故曰，「動容周旋中禮，盛德之至也」。凡意見少偏，德性未純，皆己與天下阻隔之端；能克己以還其至當不易之則，斯不隔於天下，故曰，「一日克己復禮，天下歸仁焉」。然又非取決於天下乃斷之爲仁也，斷之爲仁，實取決於己，不取決於人，故曰，「爲仁由己，而由人乎哉」。自非聖人，未易語於意見不偏，德性純粹；至意見不偏，德性純粹，動皆中禮矣。就一身舉之，有視，有聽，有言，有動，四者勿使爽失於禮，與「動容周旋中禮」，分「安」「勉」而已。聖人之言，無非使人求其至當以見之行；求其至當，卽先務於知也。凡去私不求去蔽，重行不先重知，非聖學也。孟子曰：「執中無權，猶執一也。」權，所以別輕重；謂心之明，至於辨察事情而準，故曰「權」；學至是，一以貫之矣，意見之偏除矣。

問：孟子闢楊墨，韓退之闢老釋，今子於宋以來儒書之言，多辭而闢之，何也？

曰：言之深入人心者，其禍於人也大而莫之能覺也；苟莫之能覺也，吾不知民受其禍之所終極。彼楊墨者，當孟子之時，以爲聖人賢人者也；老釋者，世以爲聖人所不及者也；論其人，彼各行所知，卓乎同於躬行君子，是以天下尊而信之。而孟子韓子不能已於與辨，爲其言入人心深，禍於人大也，豈尋常一名一物之訛舛比哉！孟子答公孫丑問「知言」曰：「詖辭知其所蔽，淫辭知其所陷，邪辭知其所離，遁辭知其所窮。生於其心，害於其政；發於其政，害於其事。聖人復起，必從吾言矣。」答公都子問「外人皆稱夫子好辯」曰：「邪說者不得作。作於其心，害於其事；作於其事，害於其政。聖人復起，不易吾言矣。」孟子兩言「聖人復起」，誠見夫詖辭邪說之深入人心，必害於事，害於政，天下被其禍而莫之能覺也。使不然，則楊、墨、告子其人，彼各行所知，固卓乎同於躬行君子，天下尊而信之，孟子胡以惡之哉？楊朱哭衢途，彼且悲求諸外者歧而又歧；墨翟之歎染絲，彼且悲人之受染，失其本性。老釋之學，則皆貴於「抱一」，貴於「無欲」；宋以來儒者，蓋以理（之說）〔說之〕。其辨乎理欲，猶之執中無權；舉凡飢寒愁怨、飲食男女、常情隱曲之感，則名之曰「人欲」，故終其身見欲之難制；其所謂「存理」，空有理之名，究不過絕情欲之感耳。何以能絕？曰「主一無適」，此即老氏之「抱一」「無欲」，故周子以一爲學聖之要，且明之曰，「一者，無欲也」。天下必無舍生養之道而得存者，凡事爲皆有於欲，無欲則無爲矣；有欲而後有爲，有爲而歸於至當不可易之謂理；無欲無爲又焉有理！老、莊、釋氏主於無欲無爲，故不言理；聖人務在有欲有爲之咸得理。是故君子亦無私而已矣，不貴無欲。君子使欲出於正，不出於邪，不必無飢寒愁怨、飲食男女、常情隱曲之感；於是讒說誣辭，反得刻議君子而罪之，此理欲之辨使君子無完行者，爲禍如是也。以無欲然後君子，而小人之爲小人也，依然行其貪邪；獨執此以爲君子者，謂「不出於理則出於欲，不出於欲則出於理」，其言理也，「如有物焉，得於天而具於心」，於是未有不以意見爲理之君子；且自信不出於欲，則曰「心無愧怍」。夫古人所謂不愧不怍者，豈此之謂乎！不寤意見多偏之不可以理名，而持之必堅；意見所非，則謂其人自絕於理：此理欲之辨，適成忍而殘殺之具，爲禍又如是也。夫堯舜之憂四海困窮，文王之視民如傷，何一非爲民謀其人欲之事！惟順而導之，使歸於善。今既截然分理欲爲二，治己以不出於欲爲理，治人亦必以不出於欲爲理，舉凡民之飢寒愁怨、飲食男女、常情隱曲之感，咸視爲人欲之甚輕者矣。輕其所輕，乃㈠「吾

㈠「乃」下疑脫「曰」字。

重天理也，公義也」，言雖美，而用之治人，則禍其人。至於下以欺僞應乎上，則曰「人之不善」，胡弗思聖人體民之情，遂民之欲，不待告以天理公義，而人易免於罪戾者之有道也！孟子於「民之放辟邪侈無不爲以陷於罪」，猶曰，「是罔民也」；又曰，「救死而恐不贍，奚暇治禮義！」古之言理也，就人之情欲求之，使之無疵之爲理；今之言理也，離人之情欲求之，使之忍而不顧之爲理。此理欲之辨，適以窮天下之人盡轉移爲欺僞之人，爲禍何可勝言也哉！其所謂欲，乃帝王之所盡心於民；其所謂理，非古聖賢之所謂理；蓋雜乎老釋之言以爲言，是以弊必至此也。然宋以來儒者皆力破老釋，不自知雜襲其言而一一傅合於經，遂曰六經、孔、孟之言；其惑人也易而破之也難，數百年於茲矣。人心所知，皆彼之言，不復知其異於六經、孔、孟之言矣；世又以躬行實踐之儒，信焉不疑。夫楊、墨、老、釋，皆躬行實踐，勸善懲惡，救人心，贊治化，天下尊而信之，帝王因尊而信之者也。孟子韓子闢之於前，聞孟子韓子之說，人始知其與聖人異而究不知其所以異。至宋以來儒書之言，人咸曰：「是與聖人同也；辨之，是欲立異也。」此如嬰兒中路失其父母，他人子之而爲其父母，既長，不復能知他人之非其父母，雖告以親父母而決爲非也，而怒其告者，故曰「破之也難」。嗚呼，使非害於事、害於政以禍人，方將敬其爲人，而又何惡也！惡之者，爲人心懼也。

原善卷上

余始為原善之書三章，懼學者蔽以異趣也，復援據經言疏通證明之，而以三章者分為建首，次成上中下卷。比類合義，燦然端委畢著矣，天人之道，經之大訓萃焉。以今之去古聖哲既遠，治經之士，莫能綜貫，習所見聞，積非成是，余言恐未足以振茲墜緒也。藏之家塾，以待能者發之。

善：曰仁，曰禮，曰義，斯三者，天下之大衡也。上之見乎天道，是謂順；實之昭為明德，是謂信；循之而得其分理，是謂常。道，言乎化之不已也；德，言乎不可渝也；理，言乎其詳緻也；善，言乎知常、體信、達順也；性，言乎本天地之化，分而為品物者也。限於所分曰命；成其氣類曰性；各如其性以有形質，而秀發於心，徵於貌色聲曰才。資以養者存乎事，節於內者存乎能，事能殊致存乎才，才以類別存乎性。有血氣，斯有心知，天下之事能於是乎出，君子是以知人道之全於性也。呈其自然之符，可以知始；極於神明之德，可以知終。由心知而底於神明，以言乎事，則天下歸之仁；以言乎能，則天下歸之智。名其不渝謂之信，名其合變謂之權，言乎順之謂道，言乎信之謂德，行於人倫庶物之謂道，侔於天地化育之謂誠，如聽於所制者然之謂命。是故生生者，化之原；生生而條理者，化之流。動而輸者，立天下之博；靜而藏者，立天下之約。博者其生，約者其息；生者動而時出，息者靜而自正。君子之於問學也，如生，存其心，湛然合天地之心，如息。人道舉配乎生，性配乎息。生則有息，息則有生，天地所以成化也。生生者，仁乎！生生而條理者，禮與義乎！何謂禮？條理之秩然有序，其著也；何謂義？條理之截然不可亂，其著也。得乎生生者謂之仁，得乎條理者謂之智。至仁必易，大智必簡，仁智而道義出於斯矣。是故生生者仁，條理者禮，斷決者義，藏主者智，仁智中和曰聖人；智通禮義，以遂天下之情，備人倫之懿。至貴者仁，仁得，則父子親；禮得，則親疏上下之分盡；義得，則百事正，藏於智，則天地萬物爲量；同於生生條理，則聖人之事。

易曰：「形而上者謂之道，形而下者謂之器。」「形而下」者，成形質以往者也。「形而上」者，陰陽鬼神胥是也，體物者也；故曰「鬼神之爲德，其盛矣乎！視之而弗見，聽之而弗聞，體物而不可遺。」洪範曰：「五行：一曰水，二曰火，三曰木，四曰金，五曰土。」五行之成形質者，則器也；其體物者，道也，五行陰陽，得之而成性者也。

易曰：「一陰一陽之謂道，繼之者善也，成之者性也。」一陰一陽，蓋言天地之化不已也，道也。一陰一陽，其生生乎，其生生而條理乎！以是見天地之順，故曰「一陰一陽之謂道」。生生，仁也，未有生生而不條理者。條理之秩然，禮至著也；條理之截然，義至著也；以是見天地之常。三者咸得，天下之懿德也，人物之常也；故曰「繼之者善也」，言乎人物之生，其善則與天地繼承不隔者也。有天地，然後有人物；有人物而辨其資始曰性。人與物同有欲，欲也者，性之事也；人與物同有覺，覺也者，性之能也。欲不失之私，則仁；覺不失之蔽，則智；仁且智，非有所加於事能也，性之德也。言乎自然之謂順，言乎必然之謂常，言乎本然之謂德。天下之道盡於順，天下之教一於常，天下之性同之於德。性之事配五行陰陽，性之能配鬼神，性之德配天地之德。人與物同有欲，而得之以生也各殊；人與物同有覺，而喩大者大，喩小者小也各殊；人與物之一善同協於天地之德，而存乎相生養之道，存乎喩大喩小之明昧也各殊；此之謂本五行陰陽以成性，故曰「成之者性也」。善，以言乎天下之大共也；性，言乎成於人人之舉凡自爲。性，其本也。所謂善，無他焉，天地之化，性之事能，可以知善矣。君子之敎也，以天下之大共正人之所自爲，性之事能，合之則中正，違之則邪僻，以天地之常，俾人咸知由其常也。明乎天地之順者，可與語道；察乎天地之常者，可與語善；通乎天地之德者，可與語性。

易曰：「天地之大德曰生。」一氣化之於品物，可以一言盡也，生生之謂歟！觀於生生，可以知仁；觀於其條理，可以知禮；失條理而能生生者，未之有也，是故可以知義。禮也，義也，胥仁之顯乎！若夫條理得於心，其心淵然而條理，是爲智；智也者，其仁之藏乎！生生之呈其條理，顯諸仁也，惟條理，是以生生，藏諸用也。顯也者，化之生於是乎見；藏也者，化之息於是乎見。生者，至動而條理也；息者，至靜而用神也。卉木之(株)〔枝〕葉華實，可以觀夫生；果實之白，全其生之性，可以觀夫息。是故生生之謂仁，元也；條理之謂禮，亨也；察條理之正而斷決於事之謂義，利也；得條理之準而藏主於中之謂智，貞也。

記曰：「夫民有血氣心知之性，而無哀樂喜怒之常；應感起物而動，然後心術形焉。」凡有血氣心知，於是乎有欲，性之徵於欲，聲色臭味而愛畏分；既有欲矣，於是乎有情，性之徵於情，喜怒哀樂而慘舒分；既有欲有情矣，於是乎有巧與智，性之徵於巧智，美惡是非而好惡分。生養之道，存乎欲者也；感通之道，存乎情者也；二者，自然之符，天下之事舉矣。盡美惡之極致，存乎巧者也，宰御之權由斯而出；盡是非之極致，存乎智者也，賢聖之德由斯而備；二者，亦自然之符，精之以底於必然，天下之能舉矣。記又有之曰：「人生而靜，天之性也；感於物而動，性之欲也。物至知知，然後好惡形焉。好惡無節於內，知誘於外，不能反躬，天理滅矣。」人之得於天也一本，既曰「血氣心知之性」，又曰「天之性」，何也？本陰陽五行以爲血氣心知，方其未感，湛然無失，是謂天之性，非有殊於血氣心知也。是故血氣者，天地之化；心知者，天地之神；自然者，天地之順；必然者，天地之常。

孟子曰：「盡其心者，知其性也；知其性，則知天矣。」耳目百體之所欲，血氣資之以養，所謂性之欲也，原於天地之化者也。是故在天爲天道，在人，咸根於性而見於日用事爲，爲人道；仁義之心，原於天地之德者也，是故在人爲性之德。斯二者，一也；由天道而語於無憾，是謂天德；由性之欲而語於無失，是謂性之德。性之欲，其自然之符也；性之德，其歸於必然也；歸於必然適全其自然，此之謂自然之極致。詩曰：「天生烝民，有物有則；民之秉彝，好是懿德。」凡動作威儀之則，自然之極致也，民所秉也。自然者，散之普爲日用事爲；必然者，秉之以協於中，達於天下知其自然，斯通乎天地之化；知其必然，斯通乎天地之德；故曰「知其性，則知天矣」；天人道德，靡不豁然於心，故曰「盡其心」。

孟子曰：「口之於味也，目之於色也，耳之於聲也，鼻之於臭也，四肢之於安佚也，性也，有命焉，君子不謂性也；仁之於父子也，義之於君臣也，禮之於賓主也，知之於賢者也，聖人之於天道也，命也，有性焉，君子不謂命也。」存乎材質所自爲，謂之性；如或限之，謂之命。存乎材質所自爲也者，性則固性也，有命焉，君子不以性而求逞其欲也；如或限之也者，命則固命也，有性焉，君子不以命而自委棄也。

易曰：「成性存存，道義之門。」五行陰陽之成性也，純懿中正，本也；由是而事能莫非道義，無他焉，不失其中正而已矣。民不知所以存之，故君子之道鮮矣。

中庸曰：「天命之謂性，率性之謂道，修道之謂教。」莫非天道也，其曰「天命」，何也？記有之，「分於道，謂之命；形於一，謂之性」，言分於五行陰陽也。天道，五行陰陽而已矣，分而有之以成性。由其所分，限於一曲，惟人得之也全。曲與全之數，判之於生初。人雖得乎全，其間則有明闇厚薄，亦往往限於一曲，而其曲可全。此人性之與物性異也。言乎其分於道，故曰「天命之謂性」。耳目百體之欲，求其故，本天道以成性者也。人道之有生則有養也；仁以生萬物，禮以定萬品，義以正萬類，求其故，天地之德也，人道所由立也；咸出於性，故曰「率性之謂道」。五行陰陽者，天地之事能也，是以人之事能與天地之德協。事與天地之德協，而其見於動也亦易。與天地之德違，則遂己之欲，傷於仁而爲之；從己之欲，傷於禮義而爲之。能與天地之德協，而其有所倚而動也亦易。遠於天地之德，則以爲仁，害禮義而有不覺；以爲禮義，害仁而有不覺。皆道之出乎身，失其中正也。君子知其然，精以察之，使天下之欲，一於仁，一於禮義，使仁必無憾於禮義，禮義必無憾於仁，故曰「修道之謂敎」。

中庸曰：「修身以道，修道以仁。仁者，人也，親親爲大；義者，宜也，尊賢爲大；親親之殺，尊賢之等，禮所生也。」仁，是以親親；義，是以尊賢；禮，是以有殺有等。仁至，則親親之道得；義至，則尊賢之道得；禮至，則於有殺有等，各止其分而靡不得。「修身以道」，道出於身也；「修道以仁」，三者至，夫然後道得也。

易曰：「乾以易知，坤以簡能；易則易知，簡則易從。」「易」也者，以言乎乾道，生生也，仁也；「簡」也者，以言乎坤道，條理也，智也。仁者無私，無私，則猜疑悉泯，故易知；易知則有親，有親則可久，可久則賢人之德，非仁而能若是乎！智者不鑿，不鑿，則行所無事，故易從；易從則有功，有功則可大，可大則賢人之業，非智而能若是乎！故曰「易簡而天下之理得矣」，於仁無不盡也，於禮義無不盡也。

原善卷中

物之離於生者，形存而氣與天地隔也。卉木之生，接時能芒達已矣；飛走蠕動之儔，有覺以懷其生矣；人之神明出於心，純懿中正，其明德與天地合矣。是故氣不與天地隔者生，道不與天地隔者聖，形強者堅，氣強者力，神強者巧，知德者智。氣之失暴，神之失鑿，惑於德，愚。是故一人之身，形得其養，不若氣得其養；氣得其養，不若神得其養；君子理順心泰，靜然性得其養。人有天德之知，有耳目百體之欲，皆生而見乎才者也，天也，是故謂之性。天德之知，人之秉節於內以與天地化育侔者也；耳目百體之欲，所受中而不可踰也。是故義配明，象天；欲配幽，法地。五色五聲，五臭五味，天地之正也。喜怒哀樂、愛隱感念、慍懆怨憤、恐悸慮歎、飲食男女、鬱悠慼咨、慘舒好惡之情，胥成性則然，是故謂之道。心之精爽以知，知由是進於神明，則事至而心應之者，胥事至而以道義應，天德之知也。是故人也者，天地至盛之徵也，惟聖人然後盡其盛。天地之德，可以一言盡也，仁而已矣；人之心，其亦可以一言盡也，仁而已矣。耳目百體之欲喻於心，不可以是謂心之所喻也，心之所喻則仁也；心之仁，耳目百體莫不喻，則自心至於耳目百體胥仁也。心得其常，於其有覺，君子以觀仁焉；耳目百體得其順，於其有欲，君子以觀仁焉。

傳曰：「心之精爽，是謂魂魄。」凡有生則有精爽，從乎氣之融而靈，是以別之曰「魄」；從乎氣之通而神，是以別之曰「魂」。記有之：「陽之精氣曰神，陰之精氣曰靈；神靈者，品物之本也。」有血氣，夫然後有心知，有心知，於是有懷生畏死之情，因而趨利避害。其精爽之限之，雖明昧相遠，不出乎懷生畏死者，血氣之倫盡然。故人莫大乎智足以擇善也；擇善，則心之精爽進於神明，於是乎在。是故天地之化，呈其能，曰「鬼神」；其生生也，殊其用，曰「魂魄」。魂以明而從天，魄以幽而從地；魂官乎動，魄官乎靜；精能之至也。官乎動者，其用也施；官乎靜者，其用也受。天之道施，地之道受；施，故制可否也；受，故虛且聽也。魄之謂靈，魂之謂神；靈之盛也明聰，神之盛也睿聖；明聰睿聖，其斯之謂神明歟！

孟子曰：「形色，天性也；惟聖人然後可以踐形。」血氣心知之得於天，形色其表也。由天道以有人物，五行陰陽，生殺異用，情變殊致。是以人物生生，本五行陰陽，徵爲形色。其得之也，偏全厚薄，勝負雜糅，能否精觕，清濁昏明，煩煩員員，氣衍類滋，廣博襲僢，閎鉅瑣微，形以是形，色以是色，咸分於道。以順則煦以治，以逆則毒。性至不同，各呈乎才。人之才，得天地之全能，通天地之全德。從生，而官器利用以馭；橫生，去其畏，不暴其使。智足知飛走蠕動之性，以馴以豢；知卉木之性，良農以蒔刈，良醫任以處方。聖人神明其德，是故治天下之民，民莫不育於仁，莫不條貫於禮與義。洪範曰：「敬用五事：一曰貌，二曰言，三曰視，四曰聽，五曰思。」道出於身，此其目也。「貌曰恭，言曰從，視曰明，聽曰聰，思曰睿。」幼者見其長，知就斂飭也，非其素習於儀者也；鄙野之人或不當義，可詰之使語塞也。示之而知美惡之情，告之而然否辨；心苟欲通，久必豁然也。觀於此，可以知人之性矣，此孟子之所謂「性善」也。由是而達諸天下之事，則「恭作肅，從作乂，明作哲，聰作謀，睿作聖」。孟子曰：「心之所同然者何也？謂理也，義也。聖人先得我心之所同然耳。」當孟子時，天下不知理義之爲性，害道之言紛出以亂先王之法，是以孟子起而明之。人物之生，類至殊也；類也者，性之大别也。孟子曰：「凡同類者舉相似也，何獨至於人而疑之！聖人與我同類者。」詰告子「生之謂性」，則曰：「犬之性猶牛之性，牛之性猶人之性與？」蓋孟子道性善，非言性於同也；人之性相近，胥善也。明理義之爲性，所以正不知理義之爲性者也；是故理義，性也。由孟子而後，求其說而不得，則舉性之名而曰理也，是又不可。耳之於聲也，天下之聲，耳若其符節也；目之於色也，天下之色，目若其符節也；鼻之於臭也，天下之臭，鼻若其符節也；口之於味也，天下之味，口若其符節也；耳目鼻口之官，接於物而心通其則，心之於理義也，天下之理義，心若其符節也；是皆不可謂之外也，性也。耳能辨天下之聲，目能辨天下之色，鼻能辨天下之臭，口能辨天下之味，心能通天下之理義，人之才質得於天，若是其全也。孟子曰「非天之降才爾殊」，曰「乃若其情，則可以爲善矣，乃所謂善也；若夫爲不善，非才之罪也。」惟據才質爲言，始確然可以斷人之性善。人之於聖人也，其才非如物之與人異。物不足以知天地之中正，是故無節於內，各遂其自然，斯已矣。人有天德之知，能踐乎中正，其自然則協天地之順，其必然則協天地之常，莫非自然也，物之自然不足語於此。孟子道性善，察乎人之才質所自然，有節於內之謂善也；告子謂「性無善無不善」，不辨人之大遠乎物，概之以自然也。告子所謂「無善無不善」也者，靜而自然，其神沖虛，以是爲至道；及其動而之善之不善，咸目爲失於至道，故其言曰「生之謂性」；及孟子詰之，非豁然於孟子之言而後語塞也，亦窮於人與物之靈蠢殊絕，犬牛類又相絕，遂不得漫以爲同耳。主才質而遺理義，荀子告子是也。荀子以血氣心知之性，必教之理義，逆而變之，故謂「性惡」，而進其勸學修身之說。告子以上焉者無欲而靜，全其無善無不善，是爲至矣；下焉者，理義以梏之，使不爲不善。荀子二理義於性之事能，儒者之未聞道也；告子貴性而外理義，異說之害道者也。

凡遠乎易、論語、孟子之書者，性之說大致有三：以耳目百體之欲爲說，謂理義從而治之者也；以心之有覺爲說，謂其神獨先，沖虛自然，理欲皆後也；以理爲說，謂有欲有覺，人之私也。三者之於性也，非其所去，貴其所取。彼自貴其神，以爲先形而立者，是不見於精氣爲物，秀發乎神也；以有形體則有欲，而外形體，一死生，去情欲，以寧其神，冥是非，絕思慮，以苟語自然。不知歸於必然，是爲自然之極致，動靜胥得，神自寧也。自孟子時，以欲爲說，以覺爲說，紛如矣；孟子正其遺理義而已矣。心得其常，耳目百體得其順，純懿中正，如是之謂理義。故理義非他，心之所同然也。何以同然？心之明之所止，於事情區以別焉，無幾微爽失，則理義以名。專以性屬之理，而謂壞於形氣，是不見於理之所由名也。以有欲有覺爲私者，荀子之所謂性惡在是也；是見於失其中正之爲私，不見於得其中正。且以驗形氣本於天，備五行陰陽之全德，非私也，孟子之所謂性善也。人之材質良，其本然之德違焉而後不善，孟子謂之「放其良心」，謂之「失其本心」。雖放失之餘，形氣本於天，備五行陰陽之全德者，如物之幾死猶可以復蘇，故孟子曰：「其日夜之所息，平旦之氣，其好惡與人相近也者幾希。」以好惡見於氣之少息猶然，是以君子不罪其形氣也。

孟子曰：「耳目之官不思而蔽於物，物交物，則引之而已矣。心之官則思，思則得之，不思則不得也，(比)[此]天之所與我者。先立乎其大者，則其小者弗能奪也。」人之才，得天地之全能，通天地之全德，其見於思乎！誠，至矣；思誠，則立乎其大者矣。耳目之官不思，物之未交，沖虛自然，斯已矣。心之官異是。人皆有天德之知，根於心，「自誠明」也；思中正而達天德，則不蔽，不蔽，則莫能引之以入於邪，「自明誠」也。耳之能聽也，目之能視也，鼻之能臭也，口之知味也，物至而迎而受之者也；心之精爽，馴而至於神明也，所以主乎耳目百體者也。聲之得於耳也，色之得於目也，臭之得於鼻也，味之得於口也，耳目百體之欲，不得則失其養，所謂養其小者也；理義之得於心也，耳目百體之欲之所受裁也，不得則失其養，所謂養其大者也。「人之所以異於禽獸者幾希」，雖犬之性，牛之性，當其氣無乖亂，莫不沖虛自然也，動則蔽而罔罔以行。人不求其心不蔽，於是惡外物之惑己而強禦之，可謂之所以異乎？是以老聃莊周之言尙無欲，君子尙無蔽。尙無欲者，主靜以爲至；君子動靜一於仁。人有欲，易失之盈；盈，斯悖乎天德之中正矣；心達天德，秉中正，欲勿失之盈以奪之，故孟子曰「養心莫善於寡欲」。禹之行水也，使水由地中行；君子之於欲也，使一於道義。治水者徒恃防遏，將塞於東而逆行於西，其甚也，決防四出，氾濫不可救；自治治人，徒恃遏禦其欲亦然。能苟焉以求靜，而欲之翦抑竄絕，君子不取也。君子一於道義，使人勿悖於道義，如斯而已矣。

原善卷下

人之不盡其才，患二：曰私，曰蔽。私也者，生於其心爲溺，發於政爲黨，成於行爲慝，見於事爲悖，爲欺，其究爲私己。蔽也者，其生於心也爲惑，發於政爲偏，成於行爲謬，見於事爲鑿，爲愚，其究爲蔽之以己。鑿者，其失誣；愚者，其失爲固；誣而罔省，施之事亦爲固。私者之安若固然爲自暴，蔽者之不求牖於明爲自棄；自暴自棄，夫然後難與言善，是以卒之爲不善，非才之罪也。去私莫如強恕，解蔽莫如學，得所主莫大乎忠信，得所止莫大乎明善。是故謂之天德者三：曰仁，曰禮，曰義，善之大目也，行之所節中也。其於人倫庶物，主一則兼乎三，一或闕焉，非至善也。謂之達德者三：曰智，曰仁，曰勇，所以力於德行者三：曰忠，曰信，曰恕。竭所能之謂忠，履所明之謂信，平所施之謂恕。忠則可進之以仁，信則可進之以義，恕則可進之以禮。仁者，德行之本，體萬物而與天下共親，是故忠其屬也；義者，人道之宜，裁萬類而與天下共覩，是故信其屬也；禮者，天則之所止，行之乎人倫庶物而天下共安，於分無不盡，是故恕其屬也。忠近於易，恕近於簡；信以不欺近於易，信以不渝近於簡。斯三者，馴而至之，夫然後仁且智；仁且智者，不私不蔽者也。得乎生生者仁，反是而害於仁之謂私；得乎條理者智，隔於是而病智之謂蔽。用其知以爲智，謂施諸行不繆矣，是以道不行；善人者信其行，謂見於仁厚忠信爲既知矣，是以道不明。故君子克己之爲貴也，獨而不咸之謂己。以己蔽之者隔於善，隔於善，隔於天下矣；無隔於善者，仁至，義盡，知天。是故一物有其條理，一行有其至當，徵之古訓，協於時中，充然明諸心而後得所止。君子獨居思仁，公言言義，動止應禮。達禮，義無弗精也；精義，仁無弗至也；至仁盡倫，聖人也。易簡至善，聖人所欲與天下百世同之也。

論語曰：「性相近也，習相遠也；惟上知與下愚不移。」人與物，成性至殊，大共言之者也；人之性相近，習然後相遠，大別言之也。凡同類者舉相似也；惟上智與下愚，明闇之生而相遠，不因於習。然曰上智，曰下愚，亦從乎不移，是以命之也。「不移」者，非「不可移」也，故曰，「生而知之者，上也；學而知之者，次也；困而學之，又其次也；困而不學，民斯爲下矣。」君子愼習而貴學。

中庸曰：「道也者，不可須臾離也；可離非道也。是故君子戒愼乎其所不睹，恐懼乎其所不聞。」「詩云：『相在爾室，尙不愧於屋漏。』故君子不動而敬，不言而信。」睹、聞者，身之接乎事物也；言、動者，以應事物也；道出於身，其孰能離之！雖事物未至，肆其心而不檢柙者，胥失道也。純懿中正，道之則也。事至而動，往往失其中(至)〔正〕，而可以不虞於疏乎！

中庸曰：「莫見乎隱，莫顯乎微。故君子愼其獨也。」「詩云：『潛雖伏矣，亦孔之昭。』故君子內省不疚，無惡於志。君子之所不可及者，其惟人之所不見乎！」「獨」也者，方存乎志，未著於事，人之所不見也。凡見之端在隱，顯之端在微，動之端在獨。民多顯失德行，由其動於中，悖道義也。動之端疚，動而全疚；君子內正其志，何疚之有！此之謂知所愼矣。

中庸曰：「喜怒哀樂之未發，謂之中；發而皆中節，謂之和。中也者，天下之大本也；和也者，天下之達道也。致中和，天地位焉，萬物育焉。」人之有欲也，通天下之欲，仁也；人之有覺也，通天下之德，智也。惡私之害仁，惡蔽之害智；不私不蔽，則心之精爽，是爲神明。靜而未動，湛然全乎天德，故爲「天下之大本」；及其動也，粹然不害於私，不害於蔽，故爲「天下之達道」；人之材質良，性無有不善，見於此矣。「自誠明」者，於其中和，道義由之出；「自明誠」者，明乎道義中和之分，可漸以幾於聖人。「惟天下至誠，爲能盡其性；能盡其性，則能盡人之性；能盡人之性，則能盡物之性」，自誠明者之致中和也。「其次致曲，曲能有誠；誠則形，形則著，著則明，明則動，動則變，變則化」，自明誠者之致中和也。天地位，則天下無或不得其常者也；萬物育，則天下無或不得其順者也。

中庸曰：「君子尊德性而道問學，致廣大而盡精微，極高明而道中庸，温故而知新，敦厚以崇禮。」凡失之蔽也，必狹小；失之私也，必卑闇；廣大高明之反也。「致廣大」者，不以己之蔽害之，夫然後能「盡精微」；「極高明」者，不以私害之，夫然後能「道中庸」。「盡精微」，是以不蔽也；「道中庸」，是以不私也。人皆有不蔽之端，其「故」也，問學所得，德性日充，亦成爲「故」；人皆有不私之端，其「厚」也，問學所得，德性日充，亦成爲「厚」。「温故」，然後可語於致「廣大」；「敦厚」，然後可語於「極高明」；「知新」，「盡精微」之漸也；「崇禮」，「道中庸」之漸也。

中庸曰：「思修身，不可以不事親；思事親，不可以不知人；思知人，不可以不知天。」君子體仁以修身，則行修也；精義以體仁，則仁至也；達禮以精義，則義盡也。

論語曰：「弟子入則孝，出則弟；謹而信，汎愛衆，而親仁；行有餘力，則以學文。」大學言致知、誠意、正心、修身，爲目四；言齊家、治國、平天下，爲目三。弟子者，履其所明，毋怠其所受，行而未成者也。身有天下國家之責，而觀其行事，於是命曰「大學」。或一家，或一國，或天下，其事必由身出之，心主之，意先之，知啓之。是非善惡，疑似莫辨，知任其責也；長惡遂非，從善不力，意任其責也；見奪而沮喪，漫散無檢柙，心任其責也；偏倚而生惑，身任其責也。故易曰：「君子永終知弊。」絕是四弊者，天下國家可得而理矣。其曰「致知在格物」，何也？事物來乎前，雖以聖人當之，不審察，無以盡其實也，是非善惡未易決也；「格」之云者，於物情有得而無失，思之貫通，不遺毫末，夫然後在己則不惑，施及天下國家則無憾，此之謂「致其知」。

記曰：「飲食男女，人之大欲存焉。」中庸曰：「君臣也，父子也，夫婦也，昆弟也，朋友之交也，五者，天下之達道也。」飲食男女，生養之道也，天地之所以生生也。一家之內，父子昆弟，天屬也；夫婦，牉合也。天下國家，志紛則亂，於是有君臣，明乎君臣之道者，無往弗治也。凡勢孤則德行行事，窮而寡助，於是有朋友；友也者，助也，明乎朋友之道者，交相助而後濟。五者，自有身而定也，天地之生生而條理也。是故去生養之道者，賊道者也。細民得其欲，君子得其仁。遂己之欲，亦思遂人之欲，而仁不可勝用矣；快己之欲，忘人之欲，則私而不仁。飲食之貴乎恭，貴乎讓，男女之貴乎謹，貴乎別，禮也；尚廉恥，明節限，無所苟而已矣，義也；人之不相賊者，以有仁也；人之異於禽獸者，以有禮義也。專欲而不仁，無禮無義，則禍患危亡隨之，身喪名辱，若影響然。爲子以孝，爲弟以悌，爲臣以忠，爲友以信，違之，悖也；爲父以慈，爲兄以愛，爲君以仁，違之，亦悖也。父子之倫，恩之盡也；昆弟之倫，洽之盡也；君臣之倫，恩比於父子，然而敬之盡也；朋友之倫，洽比於昆弟，然而誼之盡也；夫婦之倫，恩若父子，洽若昆弟，敬若君臣，誼若朋友，然而辨之盡也。孝悌、慈愛、忠信，仁所務致者也；恩、洽、敬、誼，辨其自然之符也；不務致，不務盡，則離、怨、凶、咎隨之；悖，則禍患危亡隨之。非無憾於仁，無憾於禮義，不可謂能致能盡也。智以知之，仁以行之，勇以始終夫仁智，期於仁與禮義俱無憾焉，斯已矣。

虞夏書曰：「日宣三德，夙夜浚明有家。」寬也，柔也，愿也，是謂三德。寬，言乎其容也；柔，言乎其順也；愿，言乎其慤也。寬而栗，則賢否察；柔而立，則自守正；愿而恭，則表以威儀；人之材質不同，德亦因而殊科。簡也，剛也，彊也，是謂三德。簡，言乎其不煩也；剛，言乎其能斷也；彊，言乎其不撓也；簡而廉，則嚴利無廢怠；剛而塞，則惻怛有仁恩；彊而義，則堅持無違悖；此皆修之於家者，其德三也。書之言又曰：「日儼祗敬六德，亮采有邦。」亂也，擾也，直也；或以寬、柔、愿而兼之者是謂六德，或以簡、剛、彊而兼之者是謂六德。亂，言乎其得治理也；擾，言乎其善撫馴也；直，言乎其無隱匿也。亂而敬，則事無或失；擾而毅，則可以使民；直而溫，則人甘聽受。此用之於邦者，其德六也。以三德知人，人各有所近也；以六德知人之可任，其人有專長也。自古知人之難，以是觀其行，其人可知也，故曰「亦行有九德」；以是論官，則官必得人也，故曰「亦言其人有德，乃言曰載采采」；德不求備於一人，故曰「翕受敷施，九德咸事，俊(人)〔乂〕在官，百僚師師」，此官人之至道也。

論語曰：「君子懷德，小人懷土；君子懷刑，小人懷惠。」其君子，喻其道德，嘉其典刑；其小人，咸安其土，被其惠澤；斯四者，得士治民之大端也。中庸論「爲政在人，取人以身」，自古不本諸身而能取人者，未之有也。明乎懷德懷刑，則禮賢必有道矣。易曰：「安土敦乎仁，故能愛。」書曰：「安民則惠，黎民懷之。」孟子論「民無恆產，因無恆心」；論「施仁政於民，省刑罰，薄稅斂，深耕易耨；壯者以暇日修其孝悌忠信，入以事其父兄，出以事其長上」；論「死徙無出鄉，鄉田同井，出入相友，守望相助，疾病相扶持，則百姓親睦」，明乎懷土懷惠，則爲政必有道矣。

洪範曰，「無偏無黨，王道蕩蕩；無黨無偏，王道便便」，言無私於其人而黨，無蔽於其事而偏也。無偏矣，而無黨，則於天下之人，大公以與之也；無黨矣，而無偏，則於天下之事，至明以辨之也。洪範之言又曰：「無反無側，王道正直。」「反側」云者，竊闔闢之機而用之，非與天地同其剛柔、動靜、顯晦也。

易曰：「大君有命，開國承家，小人勿用。」自古未聞知其人而目之曰「小人」而用之者。易稱「小人」，所以告也。言乎以小利悅上，以小知自見；其奉法似謹，其奔走似忠；惟大君灼知其小，知亂之恆由此起，故曰「必亂邦」也。論語曰，「巧言，令色，鮮矣仁」，亦謂此求容悅者也。無惻隱之實，故避其惡聞而進其所甘，迎之以其所敬而遠其所慢。所爲似謹似忠者二端：曰刑罰，曰貨利。議過則亟疾苛察，莫之能免；征斂則無遺錙銖，多取者不減，寡取者必增，已廢者復舉，暫舉者不廢，民以益困而國隨以亡。亂生於甚細，終於不救，無他故，求容悅者，爲之於不覺也。是以君子難進而易退，小人反是；君子日見憚，小人日見親。

詩曰，「惠此中國，以綏四方；無縱詭隨，以謹無良。式遏寇虐，憯不畏明」，言小人之使爲國家，大都不出「詭隨」「寇虐」二者，無縱詭迎阿從之人，以防禦其無良；遏止寇虐者，爲其曾不畏天而毒於民。斯二者，悖與欺，是以然也。凡私之見爲欺也，在事爲詭隨，在心爲無良；私之見爲悖也，在事爲寇虐，在心爲不畏天明。無良，鮮不詭隨矣；不畏明，必肆其寇虐矣。

詩曰：「民之罔極，職涼善背；爲民不利，如云不克。民之回遹，職競用力；民之未戾，職盜爲寇。」在位者多涼德而善欺背，以爲民害，則民亦相欺而罔極矣；在位者行暴虐而競強用力，則民巧爲避而回遹矣；在位者肆其貪，不異寇取，則民愁苦而動搖不定矣。凡此，非民性然也，職由於貪暴以賊其民所致。亂之本，鮮不成於上，然後民受轉移於下，莫之或覺也，乃曰「民之所爲不善」，用是而讎民，亦大惑矣！

詩曰：「泂酌彼行潦，挹彼注茲，可以餴饎。豈弟君子，民之父母。」言君子得其性，是以錫於民也。詩曰：「敦彼行葦，牛羊勿踐履，方苞方體，維葉泥泥。」仁也。

緒言卷上

問道之名義。

曰：古人稱名，道也，行也，路也，三名而一實，惟路字專屬途路。詩三百篇多以行字當道字。大致在天地則氣化流行，生生不息，是謂道；在人物則人倫日用，凡生生所有事，亦如氣化之不可已，是謂道。故易曰「一陰一陽之謂道」，此言天道也；中庸曰「率性之謂道」，此言人道也。

問：易曰：「形而上者謂之道，形而下者謂之器。」程子云：「惟此語截得上下最分明，元來只此是道，要在人默而識之。」後儒言道，多得之此。朱子云：「陰陽，氣也，形而下者也；所以一陰一陽者，理也，形而上者也；道卽理之名也。」朱子此言，以道之稱惟理足以當之。今但曰「氣化流行，生生不息」，非程朱所目爲形而下者歟？

曰：氣化之於品物，則形而上下之分也。形乃品物之謂，非氣化之謂。易又有之：「立天之道，曰陰與陽。」一直舉陰陽，不聞辨別所以陰陽而始可當道之稱，豈聖人立言皆辭不備哉？一陰一陽，流行不已，夫是之謂道而已。古人言辭，「之謂」「謂之」有異：凡曰「之謂」，以上所稱解下，如中庸「天命之謂性，率性之謂道，修道之謂教」，此爲性、道、教言之，若曰性也者天命之謂也，道也者率性之謂也，教也者修道之謂也；易「一陰一陽之謂道」，則爲天道言之，若曰道也者一陰一陽之謂也。凡曰「謂之」者，以下所稱解上，如中庸「自誠明謂之性，自明誠謂之教」，此非爲性教言之，以性教區別「自誠明」「自明誠」二者耳。易「形而上者謂之道，形而下者謂之器」，亦非爲道器言之，以道器區別其形而上形而下耳。形謂已成形質，形而上猶曰形以前，形而下猶曰形以後。詩：「下武維周。」鄭箋云：「下，猶後也。」陰陽之未成形質，是謂形而上者也，非形而下明矣。器言乎一成而不變，道言乎體物而不可遺。不徒陰陽非形而下，如五行水火木金土，有質可見，固形而下也，器也；其五行之氣，人物之所稟受，則形而上者也。易言「一陰一陽」，洪範言「初一曰五行」，中庸言「鬼神之爲德」，舉陰陽卽該五行，該鬼神；舉五行則亦該陰陽，該鬼神；而鬼神之「體物而不可遺」，卽物之不離陰陽五行以成形質也。由人物溯而上之，至是止矣。六經、孔、孟之書，不聞理氣之分，而宋儒剏言之，又以道屬之理，實失道之名義也。

問：宋儒論陰陽，必推本「太極」，云：「無極而太極，太極動而生陽；動極而靜，靜而生陰；靜極復動。一動一靜，互爲其根；分陰分陽，兩儀立焉。」朱子云：「太極生陰陽，理生氣也。陰陽既生，則太極在其中，理復在氣之內也。」又云：「太極，形而上之道也；陰陽，形而下之器也。」雖「形」字借以指「氣」，似有未協，「而上」「而下」及「之謂」「謂之」，亦未詳審，然「太極」「兩儀」，出於孔子，非卽理氣之分歟？

曰：後世儒者紛紛言太極，言兩儀，非孔子贊易太極兩儀之本指也。孔子曰：「易有太極，是生兩儀，兩儀生四象，四象生八卦。」曰儀，曰象，皆據作易言之耳，非氣化之陰陽得兩儀四象之名。易備於六十四，自八卦重之，故八卦者，易之小成，有天、地、山、澤、雷、風、水、火之義焉。其未成卦畫，一奇以儀陽，一偶以儀陰，故曰兩儀。奇而遇奇，陽已長也，以象太陽；奇而遇偶，陰始生也，以象少陰；偶而遇偶，陰已長也，以象太陰；偶而遇奇，陽始生也，以象少陽。伏羲氏覩於氣化流行，而以奇偶儀之象之。孔子贊易，蓋言易之爲書起於卦畫，非漫然也，實有見於天道之一陰一陽爲物之終始會歸，乃畫奇偶兩者從而儀之，故曰「易有太極，是生兩儀」。既有兩儀，而四象，而八卦，以次生矣。孔子以太極指氣化之陰陽，承上文「明於天［之］道」言之，卽所云「一陰一陽之謂道」，萬品之流形，莫不會歸於此。極有會歸之義，太者，無以加乎其上之稱；以兩儀、四象、八卦指易畫。後世儒者以兩儀爲陰陽，而求太極於陰陽之所由生，豈孔子之言乎！謂「氣生於理」，豈其然乎！況易起於卦畫，後儒復作圖於卦畫之前，是伏羲之畫奇偶，不惟未精，抑且未備，而待後人補苴罅漏矣。

問：宋儒之言形而上下，言道器，言太極兩儀，今據孔子贊易本文疏通證明之，洵於文義未協。其見於理氣之分也，求之六經中無其文，故借太極、兩儀、形而上下之語以飾其說，以取信學者歟？

曰：舍聖人立言之本指，而以己說爲聖人所言，是誣聖也；借其語以飾吾之說，以求取信，是欺學者也。誣聖欺學者，程朱之賢不爲也。蓋見於陰陽氣化，無非有迹可尋，遂以與品物流形同歸之粗，而別求諸無迹象以爲其精，是以觸於形而上下之云，太極兩儀之稱，恍然覺悟理氣之分如是，不復詳審文義。學者轉相傳述，於是易之本指，其一區別陰陽之於品物，其一言作易者明於天道而有卦畫，皆置不察矣。

問：宋儒嘗反覆推究先有理抑先有氣，朱子云：「必欲推其所從來，須說先有是理，然理又非別爲一物，即存乎是氣之中。無是氣則是理亦無掛搭處。」又譬之「二物渾淪，不害其各爲一物」，朱子云：「理與氣決是二物，但在物上看，則二物渾淪，不可分開各在一處，然不害二物之各爲一物也。若在理上看，則雖未有物而已有物之理，然亦各有其理而已，未嘗實有是物也。」及「主宰」「樞紐」「根柢」之說，目陰陽五行爲空氣，以理爲之「主宰」，陳安卿云：「二氣流行萬古，生生不息，不成只是空氣，必有主宰之者，理是也。」爲「男女萬物生生之本」，饒仲元云：「極者至極之義，樞紐根柢之名。聖人以陰陽五行闔闢不窮，而此理爲闔闢之主，男女萬物生生不息，而此理爲生生之本。」抑似實有見者非歟？

曰：非也。陰陽流行，其自然也；精言之，期於無憾，所謂理也。理非他，蓋其必然也。陰陽之期於無憾也，猶人之期於無失也，能無失者，其惟聖人乎！聖人而後盡乎人之理，盡乎人之理非他，人倫日用盡乎其必然而已矣。語陰陽而精言其理，猶語人而精言之至於聖人也。期於無憾無失之爲必然，乃要其後，非原其先，乃就一物而語其不可譏議，奈何以虛語夫不可譏議指爲一物，與氣渾淪而成，主宰樞紐其中也？況氣之流行既爲生氣，則生氣之靈乃其主宰，如人之一身，心君乎耳目百體是也，豈待別求一物爲陰陽五行之主宰樞紐！下而就男女萬物言之，則陰陽五行乃其根柢，乃其生生之本，亦豈待別求一物爲之根柢，而陰陽五行不足生生哉！

問：後儒言理，與古聖賢言理異歟？

曰：然。舉凡天地、人物、事爲，不聞無可言之理者也，詩曰「有物有則」是也。就天地、人物、事爲求其不易之則是謂理。後儒尊大之，不徒曰「天地、人物、事爲之理」，而轉其語曰「理無不在」，以與氣分本末，視之如一物然，豈理也哉！就天地、人物、事爲求其不易之則，以歸於必然，理至明顯也；謂「理氣渾淪，不害二物之各爲一物」，將使學者皓首茫然，求其物不得，合諸古賢聖之言牴牾不協。姑舍傳注，還而體會六經、論語、孟子之書，或庶幾乎！

問：道之實體，一陰一陽，流行不已，生生不息，是矣。理卽於道見之歟？

曰：然。古人言道，恆該理氣；理乃專屬不易之則，不該道之實體。而道理二字對舉，或以道屬動，理屬靜，如大戴禮記孔子之言曰「君子動必以道，靜必以理」是也。或道主統，理主分；或道該變，理主常。此皆虛以會之於事爲，而非言乎實體也。

問：古人言天道、天德、天理、天命，何以別？

曰：一陰一陽，流行不已，生生不息。主其流行言，則曰道；主其生生言，則曰德。道其實體也，德卽於道見之者也。「天地之大德曰生」，天德不於此見乎？其流行，生生也，尋而求之，語大極於至鉅，語小極於至細，莫不顯呈其條理；失條理而能生生者，未之有也。故舉生生卽該條理，舉條理卽該生生；實言之曰德，虛以會之曰理，一也。孟子言「孔子集大成」，不過曰「始條理者，智之事也；終條理者，聖之事也」。聖人之於天道，至孔子而極其盛，條理得也。知條理之說者，其知理之謂矣。天理不於此見乎？凡言命者，受以爲限制之稱，如命之東則不得而西。故理義以爲之限制而不敢踰，謂之命；氣數以爲之限制而不能踰，亦謂之命。古人言天之所定，或曰天明，或曰天顯，或曰明命。國語叔向之言曰：「命，信也。」蓋言乎昭示明信曰命，言乎經常不易曰理，一也。天命不於此見乎？

問：理之名起於條理歟？

曰：凡物之質，皆有文理，亦呼文縷、理縷，語之轉耳。粲然昭著曰文，循而分之、端緒不亂曰理。故理又訓分，而言治亦通曰理。理字偏旁從玉，玉之文理也。蓋氣初生物，順而融之以成質，莫不具有分理，則有條而不紊，是以謂之條理。以植物言，其理自根而達末，又別於幹爲枝，綴於枝成葉，根接土壤肥沃以通地氣，葉受風日雨露以通天氣，地氣必上接乎葉，天氣必下返諸根，上下相貫，榮而不瘁者，循之於其理也。以動物言，呼吸通天氣，飲食通地氣，皆循經脈散布，周溉一身，血氣之所循，流轉不阻者，亦於其理也。理字之本訓如是。因而推之，舉凡天地、人物、事爲，虛以明夫不易之則曰理。所謂則者，匪自我爲之，求諸其物而已矣。詩曰：「天生烝民，有物有則；民之秉彝，好是懿德。」孔子曰：「爲此詩者，其知道乎！」「故有物必有則，民之秉彝也，故好是懿德。」理也者，天下之民無日不秉持爲經常者也，是以云「民之秉彝」。凡言與行得理之謂懿德，得理非他，言之而（巳）是、行之而當爲得理，言之而非、行之而不當爲失理。好其得理，惡其失理，於此見理者，「人心之同然」也。

問：理爲「人心之同然」，其大致可得聞歟？

曰：孟子曰：「規矩，方圓之至也；聖人，人倫之至也。」此可以察理矣。夫天地之大，人物之蕃，事爲之條分委曲，苟得其理矣，如直者之中懸，平者之中水，圓者之中規，方者之中矩，夫然後推諸天下萬世而準。易稱「先天而天弗違，後天而奉天時；天且弗違，而況於人乎，況於鬼神乎」，中庸稱「考諸三王而不謬，建諸天地而不悖，質諸鬼神而無疑，百世以俟聖人而不惑」，皆言乎天下之理得也。惟其爲「人心之同然」，故一人以爲不易，天下萬世以爲不易也。所以爲同然者，人心之明之所止也。尊是理而遂謂天地陰陽不足以當之，必非天地陰陽之理則可。天地陰陽之理，猶聖人之聖也；尊其聖而謂聖人不足以當之，可乎？

問：宋儒以氣爲理所湊泊附著，朱子云：「人之所以生，理與氣合而已。夫理固浩浩不窮，然非是氣，則雖有是理而無所湊泊，故必二氣交感，凝結生聚，然後是理有所附著。」又謂「理爲生物之本」。朱子云：「理也者，形而上之道也，生物之本也；氣也者，形而下之器也，生物之具也。是以人物之生，必稟此理，然後有性；必稟此氣，然後有形。」今據易之文，證明「一陰一陽」即天道之實體，其爲氣化，未爲品物，乃孔子所稱「形而上」；及既爲品物，乃孔子所稱「形而下」。然則古聖賢所謂性，專就氣化言之歟？

曰：氣化生人生物以後，各以類孳生久矣；然類之區別，千古如是也，循其故而已矣。在氣化，分言之曰陰陽，又分之曰五行，又分之，則陰陽五行雜糅萬變，是以及其流形，不特品類不同，而一類之中又復不同。孔子曰：「一陰一陽之謂道，繼之者善也，成之者性也。」人物各成其性，明乎性至不同也。六經中言性，統舉人物之全，見於此，人物同本於天道。陰陽五行，天道之實體也。

大戴禮記曰：「分於道謂之命，形於一謂之性。」分於道者，分於陰陽五行也。一言乎分，則其所受有偏全、厚薄、淸濁、昏明之不齊，不特品類不同，而一類之中又復不同是也，各隨所分而見於一，各成其性也。中庸首言「天命之謂性」，不曰天道而曰天命者，人物咸本於天道，而成性不同，由分於道不能齊也，以限於所分，故云天命。然性雖不同，而大致以類爲之區別，故論語曰「性相近也」，此就人與人相近言之者也。孟子曰：「凡同類者舉相似也，何獨至於人而疑之？聖人與我同類者。」言同類之相似，則異類之不相似明矣；故詰告子「生之謂性」曰，「然則犬之性猶牛之性，牛之性猶人之性與」，明乎其必不可混同言之也。「孟子道性善，言必稱堯舜」，以「人皆可以爲堯舜」，謂之性善。合易、論語、孟子之書言性者如是，咸就其分於陰陽五行以成性爲言，奈何別求一湊泊附著者爲性，豈人物之生莫非二本哉？返而求之，知其一本，或庶幾焉。

問：人物分於陰陽五行以成性，而人能循理義自治，物不能自治，何也？

曰：陰陽五行，以氣化言也；精言之，期於無憾，是謂理義，是謂天地之德。人之生也，稟天地之氣，卽併天地之德有之，而其氣淸明，能通夫天地之德。物之得於天者，亦非專稟氣而生，遺天地之德也，然由其氣濁，是以錮塞不能開通。理義也者，心之所通也。天之氣化生生而條理，人物分於氣化，各成其性，而淸者開通，則能知性知天，因行其所知，底於無失，斯所以還於天地之德而已矣。

問：朱子本程子「性卽理也」一語，釋中庸「天命之謂性」，申之云：「天以陰陽五行化生萬物，氣以成形而理亦賦焉，猶命令也。於是人物之生，因各得其所賦之理以爲健順五常之德，所謂性也。」其釋孟子云：「以氣言之，知覺運動，人與物若不異也；以理言之，則仁義禮智之稟，豈物之所得而全哉？」「告子不知性之爲理，而以所謂氣者當之，（豈）〔蓋〕徒知知覺運動之蠢然者，人與物同，而不知仁義禮智之粹然者，人與物異也。」兩解似相閡隔。其作中庸或問有云：「雖鳥獸草木之生，僅得形氣之偏，而不能通貫乎全體，然其知覺運動，榮悴開落，亦皆循其性而各有自然之理焉。至於虎狼之父子，蜂蟻之君臣，豺獺之報本，雎鳩之有別，則其形氣之偏，又反有以存其義理之所得。」今觀朱子言性，不出「性卽理也」之云，故云「告子不知性之爲理」。旣以性屬之理，理卽所謂「仁義禮智之稟」，天地、人物、事爲，不聞無可言之理，故釋中庸合人物言之；以物僅得形氣之偏，故釋孟子言「豈物所得而全」，言「仁義禮智之粹然者，人與物異」。或問一條，於兩註可謂融矣。程子云：「論性不論氣不備，論氣不論性不明。」故朱子言性專屬之理，而又及「形氣之偏」，皆出於程子也。程朱之說，謂「理無不善，而形氣有不善」，故以「孟子道性善」歸之本原，以孔子言「性相近」，下而及於荀子言「性惡」，揚子言「善惡混」，韓子言「三品」，悉歸氣質之性，是荀、揚、韓皆有合於孔子；程子於論語「性相近」云：「此言氣質之性，非言性之本也。若言其本，則性卽是理。理無不善，孟子之言性善是也，何相近之有〔哉〕！」朱子答門人云：「氣質之說，起於張程。韓退之原性中說『性有三品』，但不曾說是氣質之性耳；孟子說性善，但說得本原處，下面不曾說得氣質之性，所以亦費分疏；諸子說性惡與善惡混；使張程之說早出，則許多說話自不用紛爭。」又云：「孟子說性善，是論性不論氣。荀揚而下，是論氣不論性。孟子終是未備，所以不能杜絕荀揚之口。然不備，但少欠耳；不明，則大害事。」陳器之云：「孟子時，諸子之言性，往往皆於氣質上有見，而遂指氣質作性，但能知其形而下者耳，故孟子答之，只就義理上說，以攻他未曉處。氣質之性，諸子方得於此，孟子所以不復言之；義理之性，諸子未通於此，孟子所以反覆詳說之。程子之說，正恐後學死執孟子義理之說而遺失氣質之性，故并二者而言之，曰『論性不論氣不備，論氣不論性不明』。程子之論舉其全，孟子之論所以矯諸子之偏。」又以告子之說爲合於荀、揚、韓，朱子於告子「杞柳」之喻云：「告子言人性本無仁義，必待矯揉而後成，如荀子性惡之說也。」於「湍水」之喻云：「告子因前說而小變之，近於揚子善惡混之說。」於「或曰性可以爲善可以爲不善」云：「此即『湍水』之說。」於「或曰有性善有性不善」云：「韓子『性有三品』蓋如此。」合於孔子。程子云：「凡言性處，須看立意如何。且(知)〔如言〕人性善，性之本也；生之謂性，論其〔所〕稟也。孔子言性相近，若論其本，豈可言相近？只論〔其〕所稟也。告子所云固是，爲孟子問他，他說便不是也。」又曰：「孟子言性，當隨文(者)〔看〕。(本)〔不〕以告子『生之謂性』爲不然者，此亦性也，被命受生以後謂之性耳，故不同。繼之以『犬之性猶牛之性，牛之性猶人之性歟』，然不害爲一。若乃孟子之言善者，乃極本窮源之性。」使告子明云「氣質之性」，孟子將不辨之歟？孔子言「性相近」，亦未明云「氣質之性」，將與告子荀子諸子同歟？

宋儒之說雖極完備，彌啓後人之疑。近思錄程子云：「人生而靜以上不容說，纔說性時，便已不是性也。」朱子云：「人生而靜以上，是人物未生時，只可謂之理，未可名爲性，所謂『在天曰命』也。纔說性時，便是人生以後，此理已墮在形氣之中，不全是性之本體矣，所謂『在人曰性』也。」宋儒剖析至此，皆根於理氣之分，以善歸理，以有惡歸形氣，然則孟子乃追溯人物未生未可名性之時而曰性善，若就名爲性之時，已是人生以後，已墮在形氣之中，惡得斷之曰善？由是觀之，將天下古今惟上聖之性不失其性之本體，自上聖而下，語人之性皆不是性。孔子以不是性者言相近，乃「論氣不論性不明」；孟子以未可名性者言「性善」，乃「論性不論氣不備」。宋儒剖析性之本體及氣質之性，愈令人惑。學者習聞宋儒之說，完備剖析，今還而體會易、論語、中庸、孟子，疑惑不解矣。宋儒之所以失者安在？

曰：性之名，自古及今，雖婦人孺子亦矢口舉之不謬者也，本盡人可知之通名也，儒者轉過求，失之。如飛潛動植，舉凡品物之性，皆就其氣類別之。人物分於陰陽五行以成性，舍氣類更無性之名。醫家用藥，在精辨其氣類之殊，不別其性，則能殺人。使曰「此氣類之殊者已不是性」，良醫信之乎？試觀之桃與杏：取其核而種之，萌芽甲坼，根榦枝葉，爲華爲實，香色臭味，桃非杏也，杏非桃也，無一不可區別，由性之不同，是以然也。其性存乎核中之白，（卽俗呼桃仁杏仁者，）香色臭味無一或闕也。凡植禾稼卉木，畜鳥蟲魚，皆務知其性。知其性者，知其氣類之殊，乃能使之碩大蕃滋也。何獨至於人而指夫分於陰陽五行以成性者，曰「此已不是性也」？豈其然哉？天道，陰陽五行而已矣。人物之性，分於道而有之，成其各殊者而已矣；其不同類者各殊也，其同類者相似也。孟子曰：「如使口之於味也，其性與人殊，若犬馬之與我不同類也，則天下何耆皆從易牙之於味也？」又言「動心忍性」，是孟子矢口言之，所謂性，亦如後儒指爲「已不是性」者矣。孟子言性，曷嘗自岐而二之哉！於告子「生之謂性」必致辨者，成則各殊，徒曰生而已矣，固同人於犬牛而不察其殊；聞孟子詰之不復曰「然」者，非見於「仁義禮智之粹然者，人與物異」而語塞也，犬與牛之異，又豈屬「仁義禮智之粹然者」哉？孟子非據仁義禮智詰告子明矣。況朱子言「稟理以有性，物與人同，至形氣之偏，始物與人異」，是孟子又以「已不是」者折告子言性矣。且謂「告子徒知知覺運動之蠢然者人與物同」，在告子既以知覺運動者爲性，何不可直應之曰「然」？斯以見告子亦窮於知覺運動不可槪人物，而目爲蠢然同也。凡語人者，以我之說告其人；折人者，必就彼之說窮其人。非好辯也，君子之教也。

問：知覺運動不可槪人物而目爲「蠢然同」，其異安在？

曰：凡有生卽不隔於天地之氣化。陰陽五行之運而不已，天地之氣化也，人物之生本乎是，由其分而有之不齊，是以成性各殊。知覺運動者，統乎生之全言之也，由其成性各殊，是以得之以生，見乎知覺運動也亦殊。氣之自然潛運，飛潛動植皆同，此生生之機原於天地者也，而其本受之氣，與所資以生之氣則不同。所資以生之氣，雖由外而入，大致以本受之氣召之。五行有生克，遇其克之者則傷，甚則死，此可知性之各殊矣。本受之氣及所資以生之氣，必相得而不相逆，斯外內爲一；其得於天地之氣本一，然後相得不相逆也。氣運而形不動者，卉木是也；凡有血氣者，皆形能動者也。論形氣則氣爲形之本。人物分於陰陽五行，成性各殊，故形質各殊，則其形質之動而爲百體之用者，利用不利用亦殊。知覺云者，如寐而寤曰覺，思之所通曰知，百體皆能覺，而心之覺爲大。凡相忘於習則不覺，見異焉乃覺。魚相忘於水，其非生於水者，不能相忘於水也，則覺不覺亦有殊致矣。聞蟲鳥以爲候，聞雞鳴以爲辰，彼之感而覺，覺而聲應之，又覺之殊致有然矣，無非性使然也。若夫虎狼之父子，蜂蟻之君臣，豺狼之報本，雎鳩之有別，其自然之知覺，合於人之所謂理義者矣，而各由性成。人則無不全也，全而盡之無憾者，聖人也，知之極其量也。孟子曰：「心之所同然者，謂理也，義也。」於義外之說必致其辨，以人能全乎理義，故曰性善，言理之爲性，非言性之爲理，若曰「理卽性也」，斯協於孟子矣；不惟協於孟子，於易論語靡不協矣。凡由中出者，未有非性使之然者也。古人言性，但以氣稟言，未嘗明言理（氣）〔義〕爲性，蓋不待言而可知也。至孟子時，異說紛起，以理義爲聖人治天下之具，設此一法以強之從，害道之言，皆由外理義而生。人但知耳之於聲，目之於色，鼻之於臭，口之於味爲性，而不知心之於理義，亦猶耳目口鼻之於聲色味臭也，故曰「至於心獨無所同然乎」，蓋就其所知以證明其所不知，擧聲色臭味之欲歸之耳目鼻口，擧理義之好歸之心，皆內也，非外也，比而合之以解天下之惑，俾曉然無疑於理義之爲性，害道之言庶幾可以息矣。孟子明人心之通於理義，與耳目鼻口之通於聲色臭味，咸根於性而非後起。後儒見孟子言性則曰理義，則曰仁義禮智，不得其說，遂謂孟子以理爲性，推而上之，以理爲生物之本，匪徒於道於性不得其實體，而於理之名亦失其起於天地、人物、事爲不易之則，使人茫然求其物不得矣。

問：聲色臭味之欲亦宜根於心，今專以理義之好爲根於心，於「好是懿德」固然矣，抑聲色臭味之欲徒根於耳目鼻口歟？心，君乎百體者也，百體之能，皆心之能也，豈耳悅聲，目悅色，鼻悅臭，口悅味，非心悅之乎？

曰：否。心能使耳目鼻口，不能代耳目鼻口之能，彼其能者各自具也，故不能相爲。人物受生於天地，故恆與之相通。盈天地間，有聲也，有色也，有臭也，有味也；舉聲色臭味，則盈天地間者無或遺矣。內外相通，其開竅也，是爲耳目鼻口。五行有生克，生則相得，克則相逆，血氣之得其養，失其養繫焉，資於外足以養其內，此皆陰陽五行之所爲，外之盈天地之間，內之備於吾身，外內相得無間而養道備。「民之質矣，日用飲食」，自古及今，以爲道之經也。血氣各資以養，而開竅於耳目鼻口以通之，既於是通，故各成其能而分職司之。孔子曰：「少之時，血氣未定，戒之在色；及其壯也，血氣方剛，戒之在鬬；及其老也，血氣既衰，戒之在得。」血氣之所爲不一，舉凡身之嗜欲根於血氣明矣，非根於心也。曰：「理義之悅我心，猶芻豢之悅我口。」非喻言也。凡人行事，有當於理義，其心氣必暢然自得；悖於理義，心氣必沮喪自失，以此見心之於理義，一同乎血氣之於嗜欲，皆性使然耳。耳目鼻口之官，臣道也；心之官，君道也；臣效其能而君正其可否。理義非他，可否之而當，是謂理義。聲色臭味之欲，察其可否，皆有不易之則。故理義者，非心出一意以可否之，若心出一意以可否之，何異強制之乎！因乎其事，得其不易之則，所謂「有物必有則」，以其則正其物，如是而已矣。

問：禽獸各以類區別其性各不同，而孟子道性善，但言「人之異於禽獸」；於禽獸則概舉之，獨人之性善，其故安在？

曰：耳目鼻口之官各有所司，而心獨無所司，心之官統主乎上以使之，此凡血氣之屬皆然。其心能知覺，皆懷生畏死，因而趨利避害，凡血氣之屬所同也，雖有不同，不過於此有明闇耳。就其明闇以制可否，不出乎懷生畏死者，物也。人之異於禽獸不在是。禽獸知母而不知父，限於知覺也；然愛其生之者及愛其所生，與雌雄牝牡之相愛，同類之不相噬，習處之不相齧，進夫懷生畏死矣。一私於身，一及於身之所親，皆仁之屬也。私於身者，仁其身也；及於身之所親者，仁其所親也；本天地生生之德發夫自然有如是。人之異於禽獸亦不在是。告子曰：「食色，性也；仁，內也，非外也。」即其「生之謂性」之說，同人於犬牛而不察其殊也。彼以自然者爲性使之然，以義爲非自然，轉制其自然，使之強而相從。老聃、莊周、告子及釋氏，皆不出乎以自然爲宗，惑於其說者，以自然直與天地相似，更無容他求，遂謂爲道之至高。宋之陸子靜，明之王文成及才質過人者，多蔽於此。孟子何嘗以自然者非性使之然哉？以義亦出於自然也。故曰：「惻隱之心，人皆有之；羞惡之心，人皆有之；辭讓之心，人皆有之；是非之心，人皆有之。」孟子之言乎自然，異於告子之言乎自然，蓋自然而歸於必然。必然者，不易之則也，非制其自然使之強而相從也。天下自然而無失者，其惟聖人乎！孔子言「從心所欲不踰矩」，「從心所欲」者，自然也；「不踰矩」者，歸於必然也。必然之與自然，非二事也。就其自然明之盡，而無幾微之失焉，是其必然也；如是而後無憾，如是而後安，是乃聖賢之所謂自然也。彼任其自然而失者無論矣。貴其自然，靜以保之，而視問學爲用心於外，及其動應，如其才質所到，亦有自然不失處，不過才質之美，偶中一二，若統其所行，差繆多矣。且一以自然爲宗而廢問學，其心之知覺有所止，不復日益，差繆之多，不求不思，以此終其身而自尊大，是以聖賢惡其害道也。告子、老聃、莊周、釋氏之說，貴其自然，同人於禽獸者也。聖人之學，使人明於必然，所謂「考諸三王而不謬，建諸天地而不悖，質諸鬼神而無疑，百世以俟聖人而不惑」，斯爲明之盡。人與物咸有知覺，而物之知覺不足與於此。物循乎自然，人能明於必然，此人物之異，孟子以「人皆可以爲堯舜」斷其性善，在此也。

問仁義禮智之名義。

曰：易有之曰：「天地之大德曰生。」一陰一陽，流行不已，生生不息，觀於生生，可以言仁矣。在天爲氣化之生生，在人爲其生生之心，是乃仁之爲德也。由其生生有自然之條理，惟條理所以生生，觀於條理之秩然有序，可以言禮矣；失條理則生生之道絕，觀於條理之截然不可亂，可以言義矣。生生，誠也；條理，明也；故行道在體仁，知道在達禮，在精義。合而言之，舉義可以該禮，「立人之道，曰仁與義」是也；舉禮亦可該義，而舉仁貴全乎禮義，論語曰「克己復禮爲仁」是也；合三者亦謂之誠；誠未有不明者也。以是謂之命，則昭示明信也；以是謂之善，則純粹不雜也；以是謂之理，則經常不易也；以是謂之矩，則循之爲法也；以是謂之中，則時事之準也。若夫條理之得於心，爲心之淵然而條理，則名智。故智者，事物至乎前，無或失其條理，不智者異是。孟子曰：「始條理者，智之事也；終條理者，聖之事也。」舉禮義可以該智，舉智可以該禮義，禮義有愆，由於不智。中庸言「修道以仁」，連舉義禮而不及智，言以達德行達道，舉智仁勇而不及禮義，互文也。由生生而條理，生生之謂仁，元也；條理之謂禮，亨也；察條理之正而斷決於事之謂義，利也；得條理之準而藏主於中之謂智，貞也。

問：孟子言「所性不存焉」，朱子釋之云：「其道大行，無一(物)〔夫〕不被其澤，故君子樂之，然其所得於天者，則不在是也。」朱子論性，專舉仁義禮智爲得於天而別於氣稟，本之孟子此章。夫仁義禮智，人之所同，何以獨君子根於心？

曰：此孟子舉「君子欲之」之事，「樂之」之事，皆無與於其「性之」之事也。人之所欲，君子非不欲之也，或重乎此而既得之，則樂之矣，下者惟此之務得，則性之矣。進而言乎可樂者，君子非不樂之也，或以此爲主，務期於此而已矣，則性之矣。「君子所性」，如道德學問之事，無可遺者皆是。大行不過行其所學，窮居而其自得者無日不然，不以大行窮居爲加損，大行亦吾分，窮居亦吾分，皆視爲分之常，是謂分定。惟其性之之事不以大行窮居加損，故無往非仁義禮智之由中；而達外章內，未嘗舉君子性之之事。後儒不詳審文義，以所性爲所得於天者，以分爲所得於天之全體，非孟子立言之指也。

問：孟子曰：「口之於味也，目之於色也，耳之於聲也，鼻之於臭也，四肢之於安佚也，性也，有命焉，君子不謂性也。仁之於父子也，義之於君臣也，禮之於賓主也，智之於賢者也，聖人之於天道也，命也，有性焉，君子不謂命也。」張子云：「氣質之性，君子有弗性者焉。」程子云：「仁義禮智，天道在人，則賦於命者所稟有厚薄清濁，然而性善可學而盡，故不謂之命。」宋儒分別義理之性，氣質之性，本於孟子此章，以「氣質之性君子不謂之性」，故專取義理之性。豈性之名君子得以意取舍歟？

曰：非也。性者，有於己者也；命者，聽於限制也。「謂性」，猶云藉口於性耳，君子不藉口於性之自然以求遂其欲，不藉口於命之限之而不盡其材。後儒未詳審文義，失孟子立言之指。不謂性，非不謂之性；不謂命，非不謂之命。

問：左氏春秋劉康公曰：「民受天地之中以生，所謂命也。」宋儒言性專屬之理，取證於此。既爲民受以生，則宜曰「所謂性」，然古人不稱性而稱命，何也？

曰：性原於陰陽五行，凡耳目百體之欲，血氣之資以養者，皆由中達外，性爲之本始，而道其所有事也；命即人心同然之理義，所以限制此者也。古人多言命，後人多言理，異名而同實。耳目百體之所欲，由於性之自然，明於其必然，斯協乎天地之中，以奉爲限制而不敢踰，是故謂之命。命者非他，就性之自然，察之精明之盡，歸於必然，爲一定之限制，是乃自然之極則。若任其自然而流於失，轉喪其自然而非自然也。故歸於必然，適完其自然，如是斯「與天地合其德，鬼神合其吉凶」。故劉子繼之曰：「是以有動作禮義威儀之則，以定命也。能者養之以福，不能者敗以取禍。」夫耳目百體之所欲，血氣之資以養者，生道也，縱欲而不知制之，其不趨於死也幾希。然則民無日不受此以生，所以全其性在是。於古人不稱性而稱命，性之實體原於道之實體愈可見，命即其實體之無憾無失而已矣。

問：孟子言：「盡其心者，知其性也，知其性則知天矣。」所謂心，所謂性，所謂天，其分合之故可言歟？

曰：人分於陰陽五行以成性，而其得之也全。喜怒哀樂之情，聲色臭味之欲，是非美惡之知，皆根於性而原於天，其性全，故其材亦全，材卽形氣之爲耳目百體而會歸於心也。凡日用事爲，皆性爲之本，而所謂人道也；上之原於陰陽五行，所謂天道也。言乎天地之化曰天道，言乎天地之中曰天德，耳目百體之所欲，血氣之資以養者，所謂性之欲也，原於天地之化者也。故在天爲道，在人爲性，而見於日用事爲爲「人道」。仁義之心，原於天地之中者也，故在天爲天德，在人爲性之德。易曰：「立人之道，曰仁與義。」此合性之欲、性之德言之，謂原於天地之化而爲日用事爲者，無非仁義之實也。就天道而語於無憾曰天德，就性之欲而語於無失曰性之德；性之欲，其自然也；性之德，其必然也。自然者，散之見於日用事爲；必然者，約之各協於中。知其自然，斯通乎天地之化；知其必然，斯通乎天地之德；故曰「知其性則知天矣」，以心知之，而天人道德靡不豁然於心，此之謂「盡其心」。「盡其心」，以知言；「盡其材」，兼知行言。

問：必然爲自然之極則，而歸於必然適完其自然，由是言之，惟性道之名有其實體。至若古人多言命，後人多言理，不過性道自然之極則，別無其實體矣。宋儒凡於天道、人道，於性，無不以理字概之，今何以剖析其致誤，俾截然不相淆惑？

曰：學者體會古賢聖之言，宜先辨其字之虛實。今人謂之「字」，古人謂之「名」，儀禮云「百名以上書於策，不及百名書於方」，周禮云「諭書名，聽聲音」是也。以字定名，有指其實體實事之名，有稱夫純美精好之名。如曰「人」，曰「言」，曰「行」，指其實體實事之名也；曰「聖」，曰「賢」，稱夫純美精好之名也。曰「道」，曰「性」，亦指其實體實事之名也。道有天道人道，天道，陰陽五行是也；人道，人倫日用是也。曰「善」，曰「理」，亦稱夫純美精好之名也。曰「中」，曰「命」，在形象，在言語，指其實體實事之名也；在心思之審察，能見於不可易不可踰，亦稱夫純美精好之名也。

問：「一陰一陽之謂道」，指天地之實體，至於天德、天命、天理，不復言之，而卽云「繼之者善也，成之者性也」，二語相對，似皆指人物矣，抑如後儒以善爲未涉人物歟？

曰：天地之氣化，流行不已，生生不息，其實體卽純美精好；人倫日用，其自然不失卽純美精好。生於陸者入水而死，生於水者離水而死；生於南者習於温而不耐寒，生於北者習於寒而不耐温。此資之以爲養者，彼受之以害生。「天地之大德曰生」，物之不以生而以殺者，豈天地之失德哉？故語道於天地，實體卽美好，不必分言也，易曰「一陰一陽之謂道」是也。人之心知有明闇，當其明則不失，當其闇則有差謬之失，故語道於人，人倫日用爲道之實事，「率性之謂道」，「修身以道」，「天下之達道五」是也。此所謂道不可不修者也，「修道以仁」及「聖人修之以爲教」是也，其純美精好，則所謂「中節之謂達道」，所謂「君子之道」，「聖人之道」是也。「中節之爲達道」者，純美精好，推之天下而準也，君臣、父子、夫婦、昆弟、朋友之交，五者爲達道，但舉實事而已矣。智仁勇以行之，而後歸於純美精好。然而卽謂之達道者，達諸天下而不可廢也。彼釋氏棄人倫以成其自私，不明乎此也。人道本於性，而性原於天道；在天道爲陰陽五行，在人物分而有之以成性；由成性各殊，故材質亦殊。材質者，性之所呈也，離材質惡覩所謂性哉！故孟子一則曰「非才之罪」，再則曰「非天之降才爾殊」。才、材古字通用。人之才得於天獨全，故物但能遂其自然，人能明於其必然。分言之，則存乎材質之自然者，性也，人物各以類區別，成性各殊也；其歸於必然者，命也，善也，人物咸協於天地之中，大共者也。故易言天道而下及人物，曰「繼之者善也，成之者性也」。繼，謂人物於天地，其善固繼承不隔，不以成性各殊而失其良也。善者，稱其美好之名；性者，指其實體之名；在天道不分言，而在人物分言之始明，究之美好者卽其實體之美好，非別有美好以增飾之也。

緒言卷中

問：孟子言性善，門弟子如公都子已列三說，茫然不知性善之是而三說之非。荀子在孟子後，直以爲性惡，而伸其崇禮義之說。其言曰：「凡性者，天之就也，不可學，不可事；禮義者，聖人之所生也，人之所學而能，所事而成者也。」「性善則去聖王息禮義矣，性惡則與聖王貴禮義矣。」荀子既知崇禮義，與老子言「禮者忠信之薄而亂之首」及告子「外義」，所見懸殊；又聞孟子性善之說，於孟子言「心之所同然者，謂理也，義也」，亦必聞之矣，而猶與之異，何也？

曰：荀子非不知理義爲人心之同然也，其言性惡也，曰：「塗之人可以爲禹。」「塗之人者，皆內可以知父子之義，外可以知君臣之正」，「其可以知之(實)〔質〕，可以能之具，在塗之人，其可以爲禹明矣。」「使塗之人伏術爲學，專心一志，思(慮)〔索〕孰察，加日縣久，積善而不息，則通於神明，參於天地矣。故聖人者，人之所積而致(也)〔矣〕。」「聖可積而致，然而皆不可積，何也？」「可以而不可使也。」「塗之人可以爲禹則然，塗之人能爲禹，未必然也；雖不能爲禹，無害可以爲禹。」此於性善之說不惟不相悖，而且若相發明。終斷之曰：「足可以徧行天下，然而未嘗有能徧行天下者也。」「能不能之與可不可，其不同遠矣。」蓋荀子之見，歸重於學，而不知性之全體，其言出於尊聖人，出於重學崇禮義。首之以勸學篇，有曰：「誦數以貫之，思索以通之，爲其人以處之，除其害者以持養之。」又曰：「積善成德，神明自得，聖心循焉。」荀子之善言學如此。且所謂通於神明，參於天地者，又知禮義之極致，聖人與天地合其德在是，聖人復起，豈能易其言哉！而於禮義與性，卒視若閡隔不可通。以聖人異於常人，以禮義出於聖人之心，故曰「聖人之所生也」；常人學然後能明於禮義，若順其性之自然，則生爭奪；以禮義爲制其性，去爭奪者也，因其惡而加矯揉之功，使進於善，故貴禮義；使順其自然而無爭奪，安用禮義爲哉？故曰「性善則去聖王，息禮義矣」。又以禮義雖人皆可以知，可以能，聖人雖人之可積而致，然必由於學。弗學而能，乃屬之性；學而後能，弗學雖可以而不能，不得屬之性。此荀子立說之所以異於孟子也。

問：荀子於禮義與性，視若閡隔而不通，其蔽安在？今何以決彼之非而信孟子之是？

曰：荀子知禮義爲聖人之敎，而不知禮義亦出於性；知禮義爲明於其必然，而不知必然乃自然之極則，適所以完其自然也。就孟子之書觀之，明理義之爲性，舉仁義禮智以言性者，以爲亦出於性之自然，人皆弗學而能，學以擴而充之耳。荀子之重學也，無於內而取於外；孟子之重學也，有於內而資於外。夫資於飲食，能爲身之營衛血氣者，所資以生之氣，與其身本受之氣，原於天地非二也。故所資雖在外，能化爲血氣以益其內，未有內無本受之氣，與外相得而徒資焉者也。問學之於德性亦然。有己之德性，而問學以通乎聖賢之德性，是資於聖賢所言德性埤益己之德性也。冶金若水，而不聞以金益水，以水益金，豈可云己本無善，己無天德，而積善成德，如罍之受水哉！以是斷之，荀子之所謂性，孟子非不謂之性，然而荀子舉其小而遺其大也，孟子明其大而非舍其小也。

問：告子言「生之謂性」，言「性無善無不善」，言「食色性也，仁內義外」，朱子以爲同於釋氏；朱子云：「〔生〕指人物之所以知覺運動者而言，與近世佛氏所謂『作用是性』者略相似。」又云：「告子以人之知覺運動者爲性，故言人之甘食悅色者卽其性。」其「杞柳」「湍水」之喩，又以爲同於荀楊。朱子於「杞柳」之喩云「如荀子性惡之說」；於「湍水」之喩云「近于揚子『善惡混』之說」。然則荀揚亦與釋氏同歟？

曰：否。荀揚所謂性者，實古今所同謂之性，人物以氣類區別者也，宋儒稱爲「氣質之性」。在孟子時，則公都子引或曰「性可以爲善，可以爲不善」，「有性善，有性不善」，言不同而所指之性同。荀子見於聖人生而神明者，不可概之人人，其下皆學而後善，順其自然則流於惡，故以惡加之；論似偏，與「有性不善」合，實兼公都子兩引「或曰」之說。揚子見於長善則爲善人，長惡則爲惡人，故曰「人之性也善惡混」，又曰「學則正，否則邪」，與荀子論斷似參差而匪異。韓退之言「性之品有上中下三，上焉者善焉而已矣，中焉者可導而上下也，下焉者惡焉而已矣」，此卽公都子兩引「或曰」之說會通爲一。朱子云：「氣質之性固有美惡之不同矣，然以其初而言，皆不甚相遠也，但習於善則善，習於惡則惡，於是始相遠耳。」「人之氣質，相近之中又有美惡，一定，而非習之所能移者。」直會通公都子兩引「或曰」之說解論語矣。程子曰：「有自幼而善，有自幼而惡，是氣稟有然也。善固性也，然惡亦不可不謂之性也。」此似與「有性善，有性不善」合，而於「性可以爲善，可以爲不善」未嘗不兼。由是觀之，宋儒稱氣質之性，按之公都子兩引「或曰」之說，下及荀揚論斷，似參差而匪異。

問：鄭康成注中庸「天命之謂性」云：「木神則仁，金神則義，火神則禮，水神則信，土神則智。」後儒於智信互易之。韓退之作原性曰：「其所以爲性者五：曰仁，曰禮，曰信，曰義，曰智。」旣就性分三品，而此云「所以爲性，蓋以其原於天不殊而成性殊也」。朱子稱其言五性尤善。然退之譏荀揚「擇焉不精，語焉不詳」，而其原性篇亦不能確有根究。今以宋儒稱爲「氣質之性」與公都子兩引「或曰」之說，下及荀揚不異，是固然矣；其根究仁義禮智信爲性，何以又不協於孟子？

曰：宋儒之異於前人者，以善爲性之本量，如水之本清，而其後受汚而濁，乃氣稟使然。不善雖因乎氣稟，如水之旣受汚，而不可謂濁者不爲水也。蓋見於氣質不得槪之曰善，且上聖生知安行者罕覯，其下必加澄治之功，變化氣質，荀揚之見固如是也。特以如此則悖於孟子，求之不得，是以務於理氣截之分明，以理爲「性之本」，爲「無不善」，以「氣之流行則有善有不善」，視理儼如一物。雖顯遵孟子性善之云，究之以「才說性時，便是人生以後，此理已墮在氣質之中」，孟子安得槪之曰善哉？若不視理爲如一物，不以性專屬之理，於孟子書益不可通，遂斷然別舉理以當孟子之槪目爲善者。夫自古及今，本以要於善謂之理，其誰曰理不善？孟子何難直截言之曰「理之謂性」，而盡指古今所同謂之性者，從而斷之曰「皆非性也」？然則孟子又安得舉「犬之性」「牛之性」「人之性」各殊詰告子哉？宋儒立說，似同於孟子而實異如此。

問：孟子答公都子曰：「乃若其情，則可以爲善矣，乃所謂善也。若夫爲不善，非才之罪也。」

朱子曰：「情者，性之動也。人之情，本但可以爲善而不可以爲惡，則性之本善可知矣。」「性既善，則才亦善；人之爲不善，乃物欲陷溺而然，非其才之罪也。」又曰：「惻隱、羞惡、辭讓、是非，情也；仁義禮智，性也。心統性情者也，因其情之發而性之本然可得而見。」考之程子，言「形既生矣，外物觸其形而動於中矣，其中動而七情出焉，曰喜、怒、哀、樂、愛、惡、欲；情既熾而益蕩，其性鑿矣」。程朱雖云性即理，而於情則不能專屬之理。且喜怒哀樂之爲情，夫人而知之也，惻隱、羞惡、恭敬、是非之心之爲情，非夫人而知之者也。公都子問性列三說之與孟子言性善異者，乃舍性而論情，偏舉情之發於善者爲證，苟或舉感而動於惡之情以相難，然後轉一說曰，「此情之根諸氣質者」，何如分明語公都子三說皆氣質而非性？況程朱之說，誤以孟子言性爲專屬之理，而覺不及氣質，立說不備，故言氣質之性以補孟子之略，陳器之云：「識氣質之性，善惡各有着落，不然，則惡從何處生？孟子專說義理之性，專說義理，則惡無所歸，是論性不論氣，孟子之說爲未備；專說氣稟，則善爲無別，是論氣不論性，諸子之論所以不明夫本也。孟子兼氣質論性。」吳幼清云：「孟子道性善，是就氣質中挑出其本然之理而言，然不曾分別性之所以有不善者，因氣質之有濁惡而汚壞其性也，故雖與告子言，而終不足以解告子之惑。至今人讀孟子，亦見其未有折倒告子而使之心服也。」又以才無不善爲未密，程子言：「才稟於氣，氣有清濁，稟其清者爲賢，稟其濁者爲愚。」朱子引之而云：「程子此說才字，與孟子本文小異。蓋孟子專指其發於性者言之，故以爲才無不善；程子專指其稟於氣者言之，則人之才固有昏明強弱之不同矣。二說雖殊，各有所當，然以事理考之，程子爲密。」終爲之說曰：「氣質所稟，雖有不善，而不害性之本善。」夫其所謂「性之本善」者，在程朱之說，乃追溯於人物未生時可謂之理，未可名爲性，及在人曰性，已有氣質所稟之不善，於「有性不善」終難置辯。宋儒言性，至孟子此章尤不可通。然孟子之文，曰情，曰才，曰心，何不舉性答之？

曰：惻隱、羞惡、恭敬、是非之心，孟子謂之心，不謂之情。心能辨是非，所以能辨者智也；智由於德性，故爲心之能而稱是非之心。心則形氣之主也，屬之材者也，惻隱、羞惡、恭敬、辭讓之由於德性而生於心亦然。以人譬之器，材則其器之質也，分於陰陽五行而成性各殊，猶之取於木以爲器，則其器木也，取於金以爲器，則其器金也。此以類別者也，品物之不同如是矣。從而察之，木與金之質，其精良與否，其爲器也，一如乎所取之木，所取之金。故材之美惡，於性無所增，亦無所損。夫木與金之爲器，成而不變者也，人又進乎是。自聖人至於凡民，其等差凡幾。或疑人之材非盡精良矣，而不然也。人雖有等差之不齊，無非精良之屬也。孟子言「聖人與我同類」，又言「犬馬之不與我同類」，是孟子就人之材之美斷其性善明矣。材與性之名，一爲體質，一爲本始，所指各殊，而可卽材之美惡以知其性，材於性無所增損故也。孟子言「非才之罪」，因舉惻隱、羞惡、恭敬、是非之心，以見人之材之美，屬之材不屬之情亦明矣。首云「乃若其情」，非性情之情也。情，猶素也，實也。孟子不又云乎：「人見其禽獸也，而以爲未嘗有才焉，是豈人之情也哉！」此云「乃若其情，則可以爲善矣，乃所謂善也」，「情」字「以爲」字皆與彼同，「其」字指「性」而言。公都子兩引「或曰」之說，則孟子下兩章一曰「陷溺其心」，一曰「放其良心」，正推原其不善之故，「非天之降才有殊也」。宋儒以不善歸氣稟，孟子所謂性，所謂才，俱指氣稟，指其稟受之全曰性，指其體質之全曰才。稟受之全，無可據以爲言。如桃杏之性，含於核中之仁，其香色臭味，無一或闕，而無可見；及其萌芽甲坼，根榦枝葉，桃與杏各殊；由是爲華爲實，香色臭味，無不區以別者，雖性則然，皆據材言之耳。成是性斯爲是材，人之性善，故材亦美。孟子所謂善者，初非無等差之善，自聖人至於凡民，其等差凡幾，則其氣稟固不齊，豈得謂非性有不同？然存乎人者，皆有仁義之心，其趨於善也利，而趨於不善也逆其性而不利，所謂「人無有不善，水無有不下」，善乃人之性，下乃水之性也。所謂「故者以利爲本」，出於利乃性之本然也，順而非逆，是以利也。然則性雖有不同，論其善亦有差等，其可斷之曰善則無疑。故孟子於性，本以爲善，而此曰「則可以爲善矣」，「可」之爲言，因性有不同而斷其善，則未見不可也。下云「乃所謂善也」，對上「今曰性善」之文言，非不分等差也。繼之曰「若夫爲不善，非才之罪也」，爲，猶成也，卒之成爲不善者，陷溺其心，放其良心，至於梏亡之盡，違禽獸不遠者也。不曰非性之罪而曰非才之罪，就本始言之曰性，就體質言之曰材，其往往不善，未有非陷溺使然，善失其養，消之至盡，乃成不善。凡旦晝之爲梏亡其天性者，由才受陷溺，不可謂性受陷溺，故罪字不可加於性。究之陷溺其心者，「非天之降才爾殊」，故曰「非才之罪」。人苟自思充其固有之善，盡其才之能，皆可至於聖人。觀此，則孟子所謂善，非無等差之善，卽孔子所云「相近」；孟子所謂「苟得其養，無物不長；苟失其養，無物不消」，所謂「求則得之，舍則失之，或相倍蓰而無算者，不能盡其才者也」，卽孔子所云「習相遠」；孟子所謂「梏之反覆」，「違禽獸不遠」，卽孔子所云「下愚之不移」。宋儒未審其文義，遂彼此閡隔。倘如宋儒以性專屬之理，而云「纔說性時便已不是性也」，云「人生以後，此理已墮在形氣之中，不全是性之本體矣」。以孟子言，性於陷溺梏亡之後，人見其不善，猶曰「非才之罪」；若宋儒於天之降才卽罪才也，分性與才爲二，本異於孟子，豈獨才之一字哉！

問：天下古今之人，其材各有所近。大致近於純者，慈惠忠信，謹厚和平，見善則從而恥不善；近於清者，明達廣大，不惑於疑似，不滯於習聞，其取善去不善亦易。此或不能相兼，皆材之美者也。材雖美，猶往往不能無偏私。周子言性曰：「剛：善爲義，爲直，爲斷，爲嚴毅，爲幹固；惡爲猛，爲隘，爲強梁。柔：善爲慈，爲順，爲巽；惡爲懦弱，爲無斷，爲邪佞。」而以「聖人然後協於中」，此亦就材見之而明舉其惡，雖孟子所謂善非無等差之善，豈如周子所謂惡者亦得謂之善歟？

曰：此偏私之害，不可以罪材，尤不可以言性。「孟子道性善」，成是性斯爲是材，性善則材亦美，然非無偏私之爲善爲美也。人之初生，不食則死；人之幼稚，不學則愚；食以養其生，充之使長；學以養其良，充之至於聖人；其故一也。材雖美，譬之良玉，成器而寶之，氣澤日親，久能發其光，可寶加乎其前矣；剝之蝕之，委棄不惜，久且傷壞無色，可寶減乎其前矣。又譬之人物之生，皆不病也，其後百病交侵，若生而善病者。或感於外而病，或受損於內身之陰陽五氣勝負而病，指其病則皆發乎其體，而曰天與以多病之體，不可也。如周子所稱猛隘、強梁、懦弱、無斷、邪佞，是摘其材之病也；材雖美，失其養則然。孟子豈未言其故哉？因於失養，不可以是言人之材也。夫言材猶不可，況以是言性乎！

問：黄直卿云：「耳目之能視聽者，魄爲之也；此心之所以能思慮者，魂爲之也；合魄與魂，乃陰陽之神，而理實具乎其中。惟其魂魄之中有理具焉，是以静則爲仁義禮智之性，動則爲惻隱、羞惡、恭敬、是非之情，胥此焉出也。」其以魂魄性情分四節言之，得失安在？

曰：人之體質，一天地之化也，子産所謂「人生始化曰魄」，蓋凝而成體，能運動者也；所謂「既生魄，陽曰魂」，蓋既生之後，心能知覺是也。魄屬陰，而魂攝乎魄，是乃魄之陽，雖分爲二，無害其一也。凡血氣之屬，自有生則能知覺運動，而由其分於陰陽五行者殊，則知覺運動亦殊。人之知覺，通乎天德，舉其知之極於至善，斯仁義禮智全矣，極於至善之謂理。宋儒於理與心二視之，其説以爲我之心受天之理，故黄氏云「魂魄之中有理具焉」，雖以理爲天與我者，無異乎荀子之以我爲聖人與我者也。孟子直云「惻隱、羞惡、恭敬、是非之心」，四者由心知而生，是乃仁義禮智之端緒也；既得端緒，則擴充有本，可以造乎仁義禮智之極，明仁義禮智，人皆有根心而生之端，非以仁義禮智爲性，惻隱、羞惡、恭敬、是非爲情也。人之性善，其血氣心知異於物，故其自然之良，發爲端緒，仁義禮智本不闕一耳。

問：論語言「禮與其奢也寧儉，喪與其易也寧戚」，子夏聞「繪事後素」，而曰「禮後乎」；朱子云「禮以忠信爲質」，引記稱「忠信之人，可以學禮」，重忠信如是。然論語又曰：「十室之邑，必有忠信如丘者焉，不如丘之好學也。」曰：「克己復禮爲仁。」中庸於禮，以「知天」言之。孟子曰：「動容周旋中禮，盛德之至也。」重學重禮如是，忠信又不足言，指歸不一，何也？

曰：禮者，天地之條理也；言乎條理之極，非知天不足以盡之。卽儀文度數，亦聖人見於天地之條理，定之以爲萬世法。禮之設所以治天下之情，或裁其過，或勉其不及，示之中而已矣。至於人情之漓，徒飾於貌，非因飾貌而情漓也，其人情自漓而以飾貌爲禮也，非惡其飾貌，惡其情漓耳。禮以治其儉陋，使之協於中；喪以治其哀戚，使之遠於徑情直行。情漓者視爲文而已矣，徒馳騖於奢易，故不若儉戚之於禮，雖不足，猶近乎制禮之初也。由是可思制禮所起，故以答林放問禮之本。其所謂本，不過因俗失而欲究其初起，非問聖人制禮自然之極則也。「忠信之人，可以學禮」，言質美者進之於禮，無飾貌情漓之弊，此亦因俗失言之。忠信乃其人之質美，猶曰「苟非其人，道不虛行」，明不可襲取爾。老子言「禮者，忠信之薄而亂之首」，則因俗失而欲併禮去之，意在還淳反樸，究之不能必天下之盡歸淳樸，其生而淳樸者，直情徑行，薄惡者，肆行無忌，是同人於禽獸，率天下而亂者也。若夫君子行禮，其爲忠信之人固不待言；而不知禮，則事事爽其條理，不足以爲君子。故禮可以該忠信，忠信不可以該禮。林放問「禮之本」，子夏言「禮後」，皆重禮而非輕禮也。詩言「素以爲絢」，「素」以喻其人之嫻於儀容；上云「巧笑倩」「美目盼」者，其美益彰顯，是謂「絢」也；喻意深遠，故子夏疑之。「繪事後素」者，鄭康成云：「凡繪畫，先布衆色，然後以素分布其間以成文。」何平叔云景福殿賦所謂「斑間賦白，疏密有章」，蓋古人畫繪定法。其注考工記「凡畫繢之事後素功」云：「素，白采也；後布之，爲其易漬汚也。」是素功後施，始五彩成章爛然，貌旣美而又嫺於儀容，乃爲誠美，「素以爲絢」之喩昭然矣。子夏觸於此言，不特於詩無疑，而更知凡美質皆宜進之以禮，斯君子所貴，其意指如此。若謂子夏後禮而先忠信則見於禮，僅僅指飾貌情漓者之所爲，與林放問禮之本以飾貌漓情爲非禮者，意指懸殊，孔子安得許之？忠信由於質美，聖賢論行，固以忠信忠恕爲重，然如其質而見之行事，苟學不足，則失在知，而行因之謬，雖其心無弗忠弗信弗恕，而害道多矣。聖人「仁且智」，其見之行事，無非仁也，無非禮義也，三者無憾，卽大學所謂「止於至善」也。故仁與禮義，以之衡斷乎事，是爲知之盡；因而行之，則實之爲德行，而忠信忠恕更不待言。在下學如其材質所及，一以忠信忠恕行之，至於知之極其精，斯無不協於仁義。是以論語云「主忠信」，曾子曰「夫子之道忠恕而已矣」，中庸曰「忠恕違道不遠」。凡未至乎聖人，未可語於仁，未能無憾於禮義，但盡其所知所能，謂之忠信忠恕可也，曰仁曰誠，則聖人始足以當之。然而非有他也，忠信忠恕之極其量也。忠信忠恕，能去私矣，仁與禮義必無或敝，而後可以言之；躬行而知未盡，曰仁曰誠，未易幾也。

問：孟子明理義之爲性，舉仁義禮智以言性，今以爲卽據人生氣稟言之，是與聲色臭味之欲渾然並出於天性。於此不截之分明，則無以究其說；旣截之分明，則性中若有二物矣。何以明其爲性之全體而非合二者以爲體？

曰：凡食味別聲被色而生者皆有心，心者，耳目百體之靈之所會歸也。子產曰：「人生始化曰魄，既生魄，陽曰魂。」曾子曰：「陽之精氣曰神，陰之精氣曰靈，神靈者，品物之本也。」鄭康成注禮云：「耳目之聰明爲魄。」蓋耳之能聽，目之能視，鼻之能臭，口之能味，魄之爲也，所謂靈也，陰主受者也；心之志慮，不窮於用，魂之爲也，所謂神也，陽主施者也。主施者斷，主受者聽。故孟子曰：「耳目之官不思，心之官則思。」是思者，心之能也。春秋傳曰：「心之精爽，是謂魂魄。」魄屬陰之精氣，魂屬陽之精氣，而合言之曰「心之精爽」者，耳目百體統於心，無一時一事不相貫也。精爽有(藏)〔蔽〕隔而不通之時，及其無蔽隔，無弗通，乃以神明稱之。凡血氣之屬，皆有精爽。其心之精爽，鉅細不同，如火光之照物，光小者，其照也近，所照者不謬也，所不照斯疑謬承之，不謬之謂得理；其光大者，其照也遠，得理多而失理少。且不特遠近而已，光之及又有明闇，故於物有察有不察；察者盡其實，不察斯疑謬承之，同乎不照，疑謬之謂失理。失理者，限於質之昧，所謂愚也。惟學可以增益其不足而進於智，益之不已，至乎其極，如日月有明，容光必照，則聖人矣。聖人，神明之盛也，其於事靡不得理。故理義非他，所照所察者之當否也。何以得其當否？心之神明也。人之異於禽獸者，雖同有精爽，而人能進於神明也。理義豈別若一物，求之所照所察之外？而人之精爽能進於神明，豈求諸氣稟之外哉！

問：論語稱「唯上智與下愚不移」，此不待習而相遠者，豈下愚亦可概目之曰性善歟？

曰：生而下愚，其人非無精爽也，精爽幾與物等，難與言理義，而又自絕於學。然苟畏威懷惠，一旦觸於所畏所懷之人，啓其心而憬然覺悟，往往有之。苟悔而從善，則非下愚矣；加之以學，則進於智矣。以不移定爲下愚，又往往在知善而不爲，知不善而爲之者，故曰不移，不曰不可移。雖古今不乏下愚，而其精爽幾與物等者，亦究異於物，無不可移也。

問：孟子時，因告子諸人紛紛各立異說，故以性善斷之；孔子但言相近，意在於警人愼習，非因論性而發，故不必直斷曰善歟？

曰：然。聖賢之言至易知也。如古今之常語，凡指斥下愚者，矢口言之，每曰「此無人性」，稍舉其善端，則曰「此猶有人性」。以人性爲善稱，是不言性者，其言皆協於孟子，而言性轉穿鑿失之。無人性卽所謂人見其禽獸也，有人性卽相近也，善也。論語言相近，正見「無有不善」；若不善，與善相反，其遠已相絕，何近之有！分明性與習，正見習然後有不善，而不可以不善歸性。凡得養失養及陷溺梏亡，咸屬於習。至下愚之不移，則生而蔽錮，其明善也難而流爲惡也易，究之非不可移，則同乎人者固在也。

問：孟子言性，舉仁義禮智四端，與孔子舉人之智愚有異乎？

曰：人之相去，遠近明昧，其大較也，學則就其昧焉者牖之明而已矣。人雖有智有愚，大致相近，而智愚之甚遠者蓋尠。智愚者，遠近等差殊科，而非相反；善惡則相反之名，非遠近之名。知人之成性，其不齊在智愚，亦可知任其愚而不學不思乃流爲惡。愚非惡也，(性)[人]無有不善明矣。舉智而不及仁義禮者，智於天地、人物、事爲咸足以知其不易之則，仁義禮有一不協，可謂不易之則哉？發明孔[子]之道者，孟子也，無異也。

緒言卷下

問：荀子之所謂性，亦孟子之所謂性；孟子知性之全體，其餘皆不知性之全體，故惟孟子與孔子合，其餘皆不合。然指爲性者，實古今所同謂之性。至告子所謂性，一似荀子言性惡，一似揚子言善惡混，一似釋氏言作用是性。今以荀揚不與釋氏同，則告子不得而與荀揚同矣，豈獨與釋氏所謂性相似歟？

曰：然。老聃莊周之書，其所貴焉者咸此也，「杞柳」「湍水」之喻，胥是物也。其視仁義，視善不善，歸之有思有爲以後事；而其保此性也，主於無思無爲，即釋氏所云「不思善，不思惡，時認本來面目」是也，實一說而非有三說。

問：告子釋氏指何者爲性？

曰：神氣形色，聖賢一視之，修其身，期於言行無差謬而已矣，故孟子曰「形色天性也，惟聖人然後可以踐形」。老聃、莊周、告子、釋氏，其立說似參差，大致皆起於自私，皆以自然爲宗。彼視一身之中，具形氣以生，而神爲之主宰，因貴此神爲形氣之本，究之神與氣不可以相離，故老子曰：「一生二，二生三，三生萬物。萬物負陰而抱陽，沖氣以爲和。」其言乎天地間也。曰：「有物混成，先天地生。」從此而分陰陽，一生二也，陰陽與此而三，二生三也，言乎人物三者咸具，陰也，陽也，沖氣以爲和，卽主宰之者也，神也。彼見於氣可言有，神存乎其有而不可謂有，又不可謂無，然不離氣者也，故曰沖氣。上之原於「有物混成，先天地生」之道，「不離氣而別於氣，故曰：「道之爲物，(爲)〔惟〕恍(爲)〔惟〕忽，忽兮恍兮，其中有像；恍兮忽兮，其中有物。」莊子言神之主宰於身，則曰「若有眞宰而特不得其眹」，曰「其有眞君存焉，如求得其情與不得，無(損)益〔損〕乎其眞」，繼之曰「一受其〔成〕形，不亡以待盡，與物相刃相靡，其行盡如馳而莫之能止，不亦悲乎」！言此神受形而生，則不去以待，形化而有血氣，乃有情欲，皆足以戕之，趨於速斃也。

又曰：「終身役役而不見其成功，薾然疲役而不知其所歸，可不哀耶！」言求諸外者徒勞其神者也。

又曰：「人謂之不死，奚益！其形化，其心與之然，可不謂(之)大哀乎！」言人壽有修短，雖不死之日，不知保此神，至與形俱敝也。釋氏「人死爲鬼，鬼復爲人」之說，與莊子此條同。老子言「長生久視」，釋氏言「不生不滅」，語似異，而以死爲反其眞，視形體爲假合，從而空之，不過恐害其神之自然，指歸不異也。告子同於釋氏，以神識爲性，釋氏謂之曰「眞空」，謂之曰「作用」。謂「眞空」則能攝眾有而應變，謂「卽此識情便是眞空妙智」，謂「湛然常寂，應用無方，用而常空，空而常用，用而不有，卽是眞空，空而不無，卽成妙有」，故言「空是性」，又言「作用是性」。釋氏書中，問：「如何是佛？」曰：「見性爲佛。」「如何是性？」曰：「作用爲性。」「如何是作用？」曰：「在目曰見，在耳曰聞，在鼻臭香，在口談論，在手執捉，在足運奔，遍現俱該法界，收攝在一微塵，識者知是佛(法)〔性〕，不識喚作精魂。」此皆「生之謂性」之說也，固無取乎善惡之分。其顯然道破處，如云「不思善，不思惡，時認本來面目」，卽告子「性無善無不善」宗旨。後世禪家，不道破「不思善」而渾其語，如傳燈錄云「飢來喫飯困來眠」，即老子所云：「上士聞道，勤而行之；中士聞道，若存若亡；下士聞道，大笑之。不笑不足以爲道。」彼「飢食困眠」，即所謂「不思善，不思惡」，即老子所謂「致虛極，守靜篤」，即「勤而行之」也；致虛未極，守靜未篤，思或乍起，乃「若存若亡」也。「飢食困眠」，聞之即可大笑，其說大都〔在〕於「認本來面目」，此外一切空之，便妙用無方，故曰「不笑不足以爲道」。老聃、莊周、告子、釋氏，立言不同而同出一轍如是。宋時如陸子靜楊敬仲及明王文成諸人，其言論皆如此。子靜之言曰：「收拾精神，自作主宰，萬物皆備於我，何有欠闕！當惻隱時，自然惻隱；當羞惡時，自然羞惡；當寬裕溫柔時，自然寬裕溫柔；當發强剛毅時，自然發强剛毅。」又曰：「惡能害心，善亦能害心。」又曰：「讀書不必窮索。」敬仲之言曰：「目能視，所以能視者何物？耳能聽，所以能聽者何物？口能噬，鼻能臭，所以能噬能臭者何物？手能運用，足能步趨，心能思慮，所以能運用、步趨、思慮者何物？」王文成曰：「夫良知一也，以其妙用而言謂之神，以其流行而言謂之氣。」又曰：「聖人致知之功，至誠無息。其良知之體，皦如明鏡，妍媸之來，隨物見形，而明鏡曾無留染，所謂『情順萬事而無情』也。『無所住（以）〔而〕生其心』，佛氏曾有是言，未爲非也。明鏡之應，妍者妍，媸者媸，一照而皆眞，即是『生其心』處；妍者妍，媸者媸，一過而不留，即『無所住』處。」又曰：「養德養身，只是一事，果能戒愼不覩，恐懼不聞，而專志於是，則神住氣住精住，而仙家所謂『長生久視』之說亦在其中矣。」又曰：「『本來面目』，即吾聖門所謂『良知』，隨物而格，是致知之功，即佛氏之『常惺惺』，亦是『常存他本來面目』耳。體段功夫，大略相似。」在老聃、莊周、告子，直據己見而已，故告子言「無善無不善」，言「無分於善不善」，言「義外」，後人因孟子嘗辨之，則以此爲善已無可復加，爲仁義禮智皆備，且所稱者出中庸、大學、孟子之書，學者不可不辨別也。

問：邵子云：「神無方而性有質。」又云：「性者，道之形體；心者，性之郛郭。」又云：「人之神即天地之神。」合其言觀之，所謂道者，指天地之「神無方」也；所謂性者，指人之「(神)〔性〕有質」也。此老聃、莊周、告子、釋氏之〔所謂道〕，所謂性，而邵子亦言之，何也？

曰：邵子之學，深得於老莊，其書未嘗自諱。以心爲性之郛郭，謂人之神宅此郛郭之中也。朱子於其指神爲道，指神爲性者，皆轉而以理當之。邵子之書又曰：「道與一，神之強名也。」幾以道爲不足當神之稱矣。其書又曰：「神統於心，氣統於腎，形統於首；形氣交而神主乎其中，三才之道也。」此以神周乎一身而宅於心，爲之統會也。又曰：「氣則養性，性則乘氣；故氣存則性存，性動則氣動也。」此則導養之說，指神之炯炯而不昧者爲性，氣之絪緼而不息者爲命，神乘乎氣而資氣以養也。

問：張子云：「由太虛，有天之名；由氣化，有道之名；合虛與氣，有性之名；合性與知覺，有心之名。」別性於知覺，與程子言「性即理也」，其指歸同；然則合虛與氣者，謂氣化生人生物，而理在氣質之中乃名性也。陳器之云：「仁義禮智者義理之性也；知覺運動者，氣(稟)〔質〕之性也。有義理之性而無氣質之性，則理義必無附著；有氣質之性而無義理之性，則無異於枯死之物。故有義理以行乎血氣之中，有血氣以受義理之體，合虛與氣而性全。」以虛指理，古聖賢未嘗有是稱，與釋氏所言「空是性」何以異？

曰：釋氏言「空是性」者，指神之本體；又言「作用是性」，則指神在氣質之中而能知覺運動也。張子云：「神者，太虛妙應之目。」是其所謂「虛」，亦未嘗不以爲神之本體，而又曰「天之不測謂神，神而有常謂天」。釋氏有見於自然，故以神爲已足；張子有見於必然，故不徒曰神而曰

「神而有常」，此其所見近於孔孟而異於釋氏也。然求之理不得，就陰陽不測之神以言理，因以是爲性之本源，而目氣化生人生物曰「游氣紛擾，合而成質者，生人物之萬殊」，則其言合虛與氣，虛指神而有常，氣指游氣紛擾，乃雜乎老釋之見，未得性之實體也。惟「由氣化有道之名」一語，得天道之實體。又曰：「神，天德；化，天道。」道以化言，是也；德以神言，非也。彼釋氏自貴其神，亦以爲足乎天德矣。張子之書又有之曰：「氣有陰陽，推行有漸爲化，合一不測爲神。」聖人復起，不易斯言。以人物驗之，耳目百體會歸於心，心者，合一不測之神也。邵子言「形可分，神不可分」，其說亦得之體驗。如耳目鼻口之官，是形可分也；而統攝於心，是神不可分也。後儒言理，由於不知理，要其後非原其先，就陰陽有陰陽不易之則，就人物事爲有人物事爲之則。以孔子言「有物必有則」者轉而言「有則始有物」。且以「理與氣渾淪，不害二物之各爲一物」。故其言理也，求其物不得，往往取於老聃、莊周、釋氏所謂神者以爲言，欲超乎陰陽氣化之上而併陰陽氣化，所見胥失之粗。夫天地間有陰陽斯有人物，於其推行謂之化，於其合一謂之神，天道之自然也；於其分用爲耳目百體，於其合一則爲心，生物之自然也。是故化，其事也；神，其能也；事能俱無憾，天地之德也。人之血氣本乎化，人之心知配乎神，血氣心知無失，配乎天地之德，無憾無失，夫是之謂理而已矣。由化以知神，由化與神以知德。「天之生物也，使之一本」，而以性專屬之神，則目形體爲幻合，以性專屬之理，則謂「纔說性時，已不是性」，皆二本故也。

問：朱子云：「道者，日用事物當行之理，皆性之德而具於心。」故其於「達道五」，舉孟子所言「父子有親，君臣有義，夫婦有別，長幼有序，朋友有信」以實之。又答呂子約〔書〕云：「陰陽也，君臣父子也，皆事物也；人之所行也，形而下者也，萬象紛羅者也。是數者各有當然之理，卽所謂道也，當行之路也，形而上者也，沖漠無朕者也。」如是言道，故於易稱「一陰一陽」，中庸舉「君臣、父子、夫婦、昆弟、朋友之交」，皆似道未備。然孟子明云「敎以人倫」，則「親、義、序、別、信」，宜屬之「修道之敎」。後儒求天命二字太過，以理當之；求性字太過，專屬之理；求道字太過，又以日用事物當行之理始可云道；而於修道不可通，以修爲品節之而已。至「修身以道，修道以仁」，修道與修身並言，兩修字不得有異，但曰「能仁其身」而不置解。觀修道之文，性字道字不得概就理言亦可見。既曰「率性之謂道」，又曰「修道以仁」，如後儒之說「率其仁之性」，「率其義之性」，豈可通哉！又，修道期於無差謬，宜重在智，而言以仁；行之乃力於身，宜重在仁，而先言智；中庸前後，其條貫可言歟？

曰：言「身本道德該備之身」，而身往往不能盡道；言「性本全夫仁義禮智之性」，而孟子以前，言性往往不及仁義禮智。易曰，「成之者性也」，承「一陰一陽之謂道」言，人物本之，各成其性云爾。論語曰，「性相近也」，因「習」之至於「相遠」，言其性本相近云爾。中庸曰，「天命之謂性」，卽記所云「分於道謂之命，形於一謂之性」，言分於氣化以成性云爾。人物之血氣，以類滋生，各稟受於天，言其稟受之殊曰性，因是而日用事爲皆由性起，故云「率性之謂道」；身之動應，無非道也，故云「不可須臾離，可離非道」。可如「體物而不可遺」之可，無頃刻可必其不動應，故雖無事時亦如有事之戒愼恐懼而不敢肆，事至庶幾少差謬也。道，卽日用飲食之事，自身而周於身之親，大致不出君臣、父子、夫婦、昆弟、朋友之交五者，略言之則曰親曰賢，舉二以該乎五。「修身以道」，言「以道實責諸身」也，道之責諸身，往往易致差謬。「修道以仁」，言以協乎仁、協乎義、協乎禮爲道之準則也，曰「以仁」者略辭，故下卽詳舉之。三者咸得，然後於道無憾。「率性之謂道」，在一身則一身之事也，道也；通於人則周夫身之事也，道也。一身之事，本天性之自然，未見其是非得失也；周夫身之事，亦天性之自然，而是非得失不可窮詰矣。故「修身以道」，舉親賢言之而得失始見；修道期於無差謬，固宜重在智。而「修身以道」，本責其行也，是以首言仁，加以義，加以禮，而修之實備矣。「行達道」乃力諸身，固宜重在仁；行之差謬，不能知之，徒自期於心無愧者，其人忠信而不好學，往往多出乎此，亦害道之大者，是以首言智。仁義禮可以大共之理言，智仁勇之爲達德，必就其人之根於心者言；大共之理，所以衡論天下之事，使之協於中，止於至善也。有根於心之德，斯有以通夫大共之理，而德之在己，可自少而加多，以底於聖人，則其通夫大共之理者，亦有淺深精粗之不同。仁義禮之仁，以理言；智仁勇之仁，以德言，其實一也。以理言，舉禮義而不及智，非遺智也，明乎禮義卽智也；以德言，舉智而不及義禮，非遺義禮也，智所以知義禮也。易稱「立人之道，曰仁與義」，而此更加之以禮，親親尊賢，盡人道之大矣，辨其等殺而始詳。古今惟聖人全乎智仁，全乎智仁，則德靡不該矣，而此更言夫勇，蓋德之所以成也。凡天下之人，身之所接，莫重於親，莫重於賢，而天定者則君臣、父子、夫婦、昆弟、朋友之交五者也。以此爲「形而下」，爲「萬象紛羅」，不謂之道，是顯指中庸「天下之達道五」而背之，别求諸「沖漠無朕」，惟老釋謂萬物爲幻，謂空妙爲眞則然，奈何以老釋之言衡量易與中庸之言，而粗視陰陽，粗視君臣父子哉？彼之棄人倫而不顧，率天下之人同於禽獸者，由不知此爲達道也。

問：宋儒以「理爲生物之本」，雖謂「理氣渾淪，不害二物之各爲一物」，實求其物，不得〔若〕老聃、莊周、告子、釋氏之言。夫性則確有指實，不過區别於形氣之中，言其主之者耳。曰形，曰氣，曰神，三者求之一身，儼然如三物，凡血氣之屬，未有或闕者也。荀子謂「性者天之(所)就」，雖專屬形氣之自然，其亦必不遺(天)〔夫〕神，而以爲非天之就也。其稱性惡，殆兼乎此，以伸其重學崇禮義之説，何以論荀子則曰不知性之全體而已，實古今所同謂之性，論告子釋氏則斷爲異説，何也？

曰：性者，分於陰陽五行，品物區以别焉，各爲之本始，統其所有之事，所具之能而靡不全者也，易言「成之者性」是也。其一身中，分而言之，曰形，曰氣，曰神，三者材也，易言「精氣爲物」是也。心爲形君，耳目鼻(曰)〔口〕者氣融而靈，心者氣通而神。告子貴其神而不知性者也，其「不動心」，神定而一無責焉之爲不動也。神可以主宰樞紐言，性可以根柢言，由其成性也殊，則其材質亦殊，成其性斯爲是材；材可以純駁清濁言，此皆指其實體之名也；知可以精粗淺深言，思可以敏鈍得失言，皆根於性而存乎神者也，指其實事之名也。理，譬之中規中矩也，稱其純美精好之名也。實體實事，罔非自然而歸於必然，天地、人物、事爲之理得矣，自然之極則是謂理。老聃、莊周、告子、釋氏，以自然爲宗，不知性之區別而徒貴其神，去其情欲之能害是者卽以爲已足，與聖賢之由博學、審問、愼思、明辨以求牖於明者異，是故斷之爲異說，不得同於荀子也。

問：周子通書有云：「『聖可學乎？』曰：『可。』『有要乎？』曰：『有。』『請問焉。』曰：『一爲要。一者，無欲也。無欲則靜虛動直，靜虛則明，明則通；動直則公，公則溥。明通公溥，庶矣哉！』」此與老氏「爲道日損」，釋氏「六用不行，眞空妙智」之說，陸子靜言「人心至靈，此理至明，人皆有此心，心皆具是理」，王文成言「聖人致知之功，至誠無息，其良知之體，皦如明鏡」者，立言不殊。後儒於周子則以爲切要之旨，莫敢違議，於老、釋、陸、王則非之，何也？

曰：周子之學，得於老氏者深，而其言渾然與孔孟相比附，後儒莫能辨也。朱子以周子爲二程子所師，故信之篤，考其實固不然。程叔子撰明道先生行狀，言「自十五六時，聞周茂叔論道，遂厭科舉之業，慨然有求道之志，未知其要，泛濫於諸家，出入於老釋者幾十年，返求諸六經，然後得之」，其不得於周子明矣；且直字之曰周茂叔，其未嘗師事亦明矣；見周茂叔後，乃出入於老釋。張橫渠亦訪諸釋老之書累年；朱子年四十以前，猶馳心空妙，蓋雖能終覺釋老之非，而受其蔽往往出於不覺者亦不少。周子論學聖人主於無欲，王文成論致知主於良知之體，皆以老釋廢學之意論學，害之大者也。

問：神爲形氣之主宰，莊子謂「一受其成形，不亡以待盡」，釋氏「人死爲鬼，鬼復爲人」之說同此。在古人制祭祀之禮，以人道事鬼神，而傳稱「鬼猶求食」及「伯有爲厲」。又宇宙間怪見不一，或此人之生，易以他人死者之魂而復生；或此人之生，自知其所託生，愚夫婦亦往往耳聞目見，不得不惑於釋氏象教。而言仙者又能盜氣於天地之間，使其神離血氣之體以爲有。故其言性也，卽神之炯炯而不昧者；其言命也，卽氣之絪緼而不息者，有所指實也如是。老聃、莊周、告子、釋氏，靜以會乎一身，見莫貴於此，莫先於此。今以形、氣、神統謂之材，而曰性可以根柢言，神可以主宰樞紐言，不以神先形氣，何也？

曰：孔子言：「原始反終，故知死生之說；精氣爲物，游魂爲變，是故知鬼神之情狀。」人物分於陰陽五行以成性，成是性斯爲是材以生，可以原始而知也；形斂氣散而死，可以反終而知也。其生也，精氣之融以有形體，凡血氣之屬，有生則能運動，能運動則能知覺，知覺者，其精氣之秀也，是謂神靈。左氏春秋曰：「人生始化曰魄，旣生魄，陽曰魂。」魂魄非他，其精氣之能知能覺運動也。至於形斂而精氣猶凝，是謂游魂，言乎離血氣之體也。精氣爲物者，氣之精而（形）凝，品物流行之常也；游魂爲變〔者〕，魂之游而存，其後之有斂有未斂也，變則不可窮詰矣。彼有見於游魂爲變，而主其一偏，昧其大常，遂以其能盜天地生生之機者爲己之本體，非聖人不知不言，獨彼能頓悟得之也。彼之以神先形氣者，聖人所謂游魂爲變中之一端耳。

問：宋儒以理藏於心之內而爲性，與老聃、莊周、釋氏以神居於心之內而爲性相似。朱子又謂「心爲神明之舍」，朱子云：「理無心則無著處。」又云：「凡物有心而其中必虛，人心亦然；只這些虛處，便包藏許多道理，推廣得來，蓋天蓋地，莫不由此。此所以爲人心之妙歟！理在人心，是之謂性。心爲神明之舍，爲一身之主宰，性便是許多道理得之天而具於心者。」所謂「神明」，卽老、莊、釋氏目之爲性者矣，其於理與神明何以別？

曰：朱子所謂「神明之舍」者，非謂以心爲舍，神明居之也。神明卽指心而言，以神明之心甚虛，天下之理咸具於中爲性，而心特其舍耳。對性言之，故謂之舍；然非空空無知，故稱爲神明之舍。宋儒於性與心視之爲二，猶荀子於禮義與性視之爲二也。荀子以禮義爲聖人之敎，常人必奉之以變化其性，宋儒以性專屬之理，「人稟氣而生之後，此理墮入氣質中，往往爲氣質所壞，如水之源淸，流而遇汚，不能不濁，非水本濁，地則然耳；必奉理以變化氣質，使復其初，如澄之而淸，乃還其原初水也」。荀子之所謂禮義，卽宋儒之所謂理；荀子之所謂性，卽宋儒之所謂氣質。如宋儒之說，惟聖人氣質純粹，以下卽(實)〔質〕美者亦不能無惡；荀子謂必待學以變化此性，與宋儒〔謂〕必待學以變化氣質，無二指也。但荀子指爲待學以變化者，仍其性之本然(名)〔言〕；宋儒因孟子論性善，於是(學)〔舉〕古今來如孔子言「成之者性」，言「性相近」，孟子言「忍性」，言「犬之性、牛之性、人之性各不同」，悉目之曰「此氣質之性待變化者」也。荀子推崇禮義，直歸之聖人；而宋儒因「孟子道性善」，於是謂理爲生物之本，使之別於氣質，曰「惟此無不善」也。試問：以理爲我乎？以氣質爲我乎？設以理爲我，以氣質爲理所寓於其中，是外氣質也，如老聃、莊周、釋氏之專以神爲我，形骸屬假合是也；設以氣質爲我，以理爲氣質所受，是外理也，如荀子以禮義爲聖人之敎是也；二者皆我，則不得謂純乎善者一我，雜乎不善者又一我矣；苟非兩我，則不得一譬之水，一譬之地矣。況天下古今之君子小人，未有非以血氣心知爲我者也。小人(狗)〔徇〕我而悖理，君子重我而循理。悖理者亦自知其非也，是「性無有不善」也，長惡遂非，故性雖善，不乏小人。循理者非別有一事，曰「此之謂理」，與飲食男女之發乎情欲者分而爲二也，即此飲食男女，其行之而是爲循理，行之而非爲悖理而已矣。此理生於心知之明，宋儒視之爲一物，曰「不離乎氣質，而亦不雜乎氣質」，於是不得不與心知血氣分而爲二，尊理而以心爲之舍。究其歸，雖以性名之，不過因孟子之言，從而爲之說耳，實外之也，以爲天與之，視荀子以爲聖與之，言不同而二之則同。天之生物也，使之一本，荀子以禮義與性爲二本，宋儒以理與氣質爲二本，老聃、莊周、釋氏以神與形體爲二本。然而荀子推崇禮義，宋儒推崇理，於聖人之教不害也，不知性耳。老聃、莊周、釋氏，守己自足，不惟不知性而已，實害聖人之教者也。

問：凡讀書窮理，此理之得於古賢聖者，與理之得於天者，非皆藏於心與？

曰：否。人之血氣心知本乎天者也，性也。如血氣資飲食以養，其化也，即爲我之血氣，非復所飲食之物矣；心知之資於問學，其自得之也亦然。以血氣言，昔者弱而今者強，是血氣之得其養也；以心知言，昔者狹小而今也廣大，昔者闇昧而今〔也〕明察，是心知之得其養也。故人之血氣心知，本乎天者不齊，得養不得養，則至於大異。人之問學猶飲食，則貴其化，不貴其不化。記問之學，食而不化也。自得之，則居之安，資之深，取之左右逢其源，化而爲我之心知也。大致善識善記，各如其質，昔人云「魂強善識，魄強善記」。凡資於外以養者，皆由於耳目鼻口，而魄強則能記憶，此屬之魄者存之已爾。至於無取乎記憶，問學所得，非心受之而已，乃化而爲我之心知，我之心知，極而至乎聖人之神明矣。神明者，猶然心也，非心自心而理藏於中之謂也。心自心而理藏於中，以之言學，尚爲物而不化之學，況以之言性乎！

問：春秋傳曰：「獨陰不生，獨陽不生，獨天不生，三合而後生。」屈原賦天問篇曰：「陰陽三合，何本何化？」所謂陰陽者，指男女而言；所謂天者，別而言之。豈即如老、莊、釋氏以吾之神得於天而受形以生者歟？抑如宋儒以吾之理得於天而存於氣質中者歟？

曰：否。人物之初，何嘗非天之陰陽絪縕凝成？及氣類滋生以後，昆蟲之微，猶有絪縕而生者，至人禽之大，則獨天不生矣。然男女之生生不窮，以內之生氣通乎外之生氣，人在生氣之中，如魚在水之中，其生也何莫非天！天之陰陽，父母之陰陽，同爲（化）氣〔化〕自然而不可分也，此之謂「三合而後生」。

問：程叔子撰明道先生行狀云：「泛濫於諸家，出入於老釋者幾十年，返求諸六經，然後得之。」呂與叔撰橫渠先生行狀云：「范文正公勸讀中庸，先生讀其書，雖愛之，猶以爲未足，於是又訪諸釋老之書，累年，盡究其說，知無所得，返而求之六經。」朱子語類廖德明錄癸巳所聞云：「先生言：二三年前見得此事尚鶻突，爲他佛說（所）〔得〕相似，近年來方看得分曉。」癸巳，朱子四十四歲。朱子答汪尚書書云：「熹於釋氏之說，蓋嘗師其人，尊其道，求之亦切至矣，然未能有得。其後以先生君子之教，校乎前後緩急之序，於是暫置其說而從事於吾學。其始蓋未嘗一日不往來於心也，以爲倏卒究吾說而後求之未爲甚（曉）〔晚〕。而一二年來，心獨有所自安，雖未能卽有諸己，然欲復求之外學以遂其初心，不可得矣。」考朱子慕禪學在十五六時，年二十四見李愿〔中〕，敎以看聖賢言語，而其後十餘年，有答何京叔二書，意見乃與釋氏不殊，信彼爲有實得，此爲支離，反用聖賢言語指其所得於釋氏者。朱子答何京叔書云：「向來妄論持敬之說，亦不自記其云何，但因其良心發見之微，猛省提撕，使心不昧，卽是做工夫本領。本領旣立，自然下學而上達矣。若不察良心發見處，卽渺渺茫茫，恐無下手處也。所諭多識前言往行，固君子之所急，熹向來所見亦是如此。近因返求，未得箇安穩處，卻始知此未免支離，如所謂因諸公以求程氏，因程氏以求聖人，是隔幾重公案，曷若默會諸心以立其本，而其言之得失，自不能逃吾之鑒耶！」又一書云：「今年不謂饑歉至此，夏初，所至洶洶，遂爲縣中委以賑糶之役，百方區處，僅得無事。博觀之蔽，此理甚明，何疑之有！若使道可以多聞博觀而得，則世之知道者爲不少矣。熹近日因事方少有省發處，如「鳶飛魚躍」，明道以爲與「必有事焉勿正」之意同者，今乃曉然無疑。日用之間，觀此流行之體，初無間斷處，有下功夫處，乃知（目）〔日〕前自誑誑人〔之罪〕，蓋不可勝贖也。此與守書冊、泥言語，全無交涉，幸於日間察之，知此則知仁矣。」及五十內外，所見漸定，不惑於釋氏。合觀程子、張子、朱子皆先入於釋老，亦可知老與釋之易惑人矣。究之能覺寤其非，何也？

曰：三君子皆志聖賢之志者也，其學本夫求是之心，故於此於彼，期在自得，不在虛名。考諸六經，茫然不得性道之實體，則必求之彼矣。求之彼，而其言道言性確有指實，且言夫體用一致也似神，能靡不周。如說「（法）周〔徧〕法界，淨智妙（圖）〔圓〕，（休）〔體〕自空寂」。故朱子嘗馳心空妙，冀得之以爲衡鑒事物之本，極其致，所謂「明心見性」，不過「六用不行」，彼所以還其神之本體者，卽本體得矣，以爲如此便是無欠闕矣，實動輒差謬。在彼以自然爲宗本，不論差謬與否，而三君子求是之心，久之亦知其不可恃以衡鑒事物，故終能覺寤其非也。夫人之異於禽獸者，人能明於必然，禽獸各順其自然也。孔孟之異於老聃、莊周、告子、釋氏者，自「志學」以至「從心所欲不踰矩」，皆見乎天地、人物、事爲有不易之則之爲必然，而博文約禮以漸致其功。彼謂「致虛極，守靜篤」，「爲道日損，損之又損以至於無」，至於「道法自然」，無以復加矣。孟子而後，惟荀子見於禮義爲必然，見於不可徒任自然，而不知禮義卽自然之極則；宋儒亦見於理爲必然，而以理爲「太極」，爲「生陽生陰之本」，爲「不離陰陽，仍不雜於陰陽」，指其在人物爲性，爲「不離氣質，仍不雜乎氣質」。蓋以必然非自然之極則而已，實自然之主宰、樞紐、根柢，一似理亦同乎老聃、莊周、告子、釋氏所指者之(生)〔神〕，天地陰陽之於人物爲本來面目。朱子之辨釋氏也，曰：「儒者以理爲不生不滅，釋氏以神識爲不生不滅。」在老釋就一身分言之，有形氣，有神識，而以神識爲本；溯而上之，以神爲有天地之本，遂求諸無形無象者爲實有，而視有形有象爲幻。在宋儒以形氣神識同爲己之私，而理得於天；溯而上之，於理氣截之分明，以理當其無形無象之實有，而視有形有象爲粗，於是就其言轉之以言夫理，尊理而重學，遠於老聃、莊周、告子、釋氏矣。然以彼例此，而不協乎此，轉指孔孟所謂道者非道，所謂性者非性，增一怳忽不可知之主宰、樞紐、根柢，因視氣曰空氣，視心曰性之郛郭。是彼奉一自然者之神居此空氣之上，郛郭之中；此奉一必然之理在此空氣之上，郛郭之中也。

問：後儒所謂太極，似老氏之所言「有物混成，先天地生」。朱子以太極生陰陽爲理生氣，「陰陽既生，太極在其中，理復在氣之內，人物必稟此理然後有性，必稟此氣然後有形」，亦似老氏所言「一生二，二生三，三生萬物」。朱子以道卽理之謂，而於理氣截之分明，於是言先後，言主宰樞紐根柢，儼然如一物，亦似老氏謂「道之爲物，惟怳惟忽」，於怳忽不可名狀中而有像有物。又太極圖說言主靜，注云「無欲故靜」；通書言「無欲則靜虛動直，靜虛則明」，似釋氏謂「六用不行，卽本性自見」。何彼此相似如是？至「常惺惺」，則直舉釋氏之言爲用功之要。今以太極兩儀，在孔子贊易之本指，非如後宋儒之云；以曰道曰性爲指其實體之名，以期於無失之謂理，乃稱其純美精好之名，亦非如後儒之云。然則宋儒明知老聃、莊周、告子、釋氏之非，而及其言之，又不合於孔孟，而轉與彼相似，何也？

曰：孔子之後，異說紛起，能發明孔子之道者，孟子也；卓然異於老聃、莊周、告子而爲聖人之徒者，荀子也。釋氏之說盛行，才質過人者無不受其惑，能卓然知宗信孟子而折彼爲非者，韓子也；嘗求之老釋，能卓然覺寤其非者，程子、張子、朱子也。然先入於彼，故其言道爲氣之主宰樞紐，如彼以神爲氣之主宰樞紐也；以理能生氣，如彼以神能生氣也；以理墮在形氣之中，變化氣質則復其初，如彼以神受形氣而生，不以形氣物欲累之則復其初也。皆改其所指爲神識者以指理，故言「儒者以理爲不生不滅」，豈聖賢之言哉！「天地之初理生氣」，豈其然哉！

孟子私淑錄卷上

問：論語曰：「性相近也，習相遠也。」朱子引程子云：「此言氣質之性，非言性之本也。若言其本，則性卽是理，理無不善，孟子之言性善是也，何相近之有哉！」據此，似論語所謂性，與孟子所謂性者，其指各殊。孔子何以舍性之本而指氣質爲性？且自程朱辨別孰言氣質孰言性，後人信其說，以爲各指一性，豈性之名果有二歟？

曰：性一而已矣。孟子以閑先聖之道爲己任，其要在言性善，使天下後世曉然於人無有不善，斯不爲異說所淆惑。人物之生，分於陰陽氣化，據其限以所分謂之命，據其爲人物之本始謂之性。後儒求其說而不得，於是創言理氣之辨，其於天道也，先歧而二之。苟知陰陽氣化之爲天道，則知性矣。

問：何謂天道？

曰：古人稱名，道也，行也，路也，其義交互相通，惟路字專屬途路。詩三百篇多以行字當道字。大致道之名義於行尤近。謂之氣者，指其實體之名；謂之道者，指其流行之名。道有天道人道。天道以天地之化言也，人道以人倫日用言也。是故在天地，則氣化流行，生生不息，是謂道；在人物，則人倫日用，凡生生所有事，亦如氣化之不可已，是謂道。易曰「一陰一陽之謂道」，此言天道也；中庸曰「率性之謂道」，此言人道也。

問：易曰：「形而上者謂之道，形而下者謂之器。」程子云：「惟此語截得上下最分明，元來只此是道，要在人默而識之。」後儒言道，多得之此。朱子云：「陰陽，氣也，形而下者也；所以一陰一陽者，理也，形而上者也，道即理之謂也。」朱子此言，以道之稱惟理足以當之。今但曰「氣化流行，生生不息」，非程朱所目爲形而下者歟？

曰：氣化之於品物，則形而上下之分也。形乃品物之謂，非氣化之謂。易又有之：「立天之道，曰陰與陽。」直舉陰陽，不聞辨別所以陰陽而始可當道之稱，豈聖人立言皆辭不備哉？一陰一陽，流行不已，夫是之謂道而已。古人言辭，「之謂」「謂之」有異：凡曰「之謂」，以上所稱解下，如中庸「天命之謂性，率性之謂道，修道之謂教」，此爲性、道、教言之，若曰，性也者，天命之謂也；道也者，率性之謂也；教也者，修道之謂也。易「一陰一陽之謂道」，則爲天道言之，若曰，道也者，一陰一陽之謂也。凡曰「謂之」者，以下所稱之名辨上之實，如中庸「自誠明謂之性，自明誠謂之教」，此非爲性教言之，以性教區別「自誠明」「自明誠」二者耳。易「形而上者謂之道，形而下者謂之器」，本非爲道器言之，以道器區別其形而上形而下耳。形，謂已成形質；形而上猶曰形以前，形而下猶曰形以後。如「千載而上」，「千載而下」。詩：「下武維周。」鄭箋云：「下，猶後也。」陰陽之未成形質，是謂形而上者也，非形而下明矣。器言乎一成而不變，道言乎體物而不可遺。不徒陰陽非形而下，如五行水火木金土，有質可見，固形而下也，器也；其五行之氣，人物咸稟受於此，則形而上者也。易言「一陰一陽」，洪範言「初一曰五行」，中庸言「鬼神之爲德」，舉陰陽卽賅五行，賅鬼神；舉五行亦賅陰陽，賅鬼神；而鬼神之「體物而不可遺」，卽物之不離陰陽五行以成形質也。由人物遡而上之，至是止矣。六經、孔、孟之書，不聞理氣之辨，而宋儒創言之，遂以陰陽屬形而下，實失道之名義也。

問：宋儒論陰陽，必推本「太極」，云：「無極而太極，太極動而生陽；動極而靜，靜而生陰；靜極復動。一動一靜，互爲其根；分陰分陽，兩儀立焉。」朱子云：「太極生陰陽，理生氣也。陰陽旣生，則太極在其中，理復在氣之內也。」又云：「太極，形而上之道也；陰陽，形而下之器也。」雖「形」字借以指「氣」，洵有未協，「而上」「而下」及「之謂」「謂之」，亦未詳審，然「太極」「兩儀」出於孔子，非卽理氣之辨歟？

曰：後世儒者紛紛言太極，言兩儀，非孔子贊易太極兩儀之本指也。孔子曰：「易有太極，是生兩儀，兩儀生四象，四象生八卦。」曰儀，曰象，曰卦，皆據作易言之耳，非氣化之陰陽得兩儀四象之名。易備於六十四，自八卦重之，故八卦者，易之小成，有天、地、山、澤、雷、風、水、火之義焉。其未成卦畫，一奇以儀陽，一偶以儀陰，故稱兩儀。奇而遇奇，陽已長也，以象太陽；奇而遇偶，陰始生也，以象少陰；偶而遇偶，陰已長也，以象太陰；偶而遇奇，陽始生也，以象少陽。伏羲氏覩於氣化流行，而以奇偶儀之象之。孔子贊易，蓋言易之爲書起於卦畫，非漫然也，實有見於天道一陰一陽爲物之終始會歸，乃畫奇偶兩者從而儀之，故曰「易有太極，是生兩儀」。旣有兩儀，而四象，而八卦，以次生矣。孔子以太極指氣化之陰陽，承上文「明於天之道」言之，卽所云「一陰一陽之謂道」，萬品之流形，莫不會歸於此。極有會歸之義，太者，無以加乎其上之稱；以兩儀四象八卦指易畫。後世儒者以兩儀爲陰陽，而求太極於陰陽之所由生，豈孔子之言乎！謂「氣生於理」，豈其然乎！況易起於卦畫，後儒復作圖於卦畫之前，是伏羲之畫奇偶，不惟未（備）〔精〕，抑且未（精）〔備〕，而待後人補苴罅漏矣。

問：宋儒之言形而上下，言道器，言太極兩儀，今據孔子贊易本文疏通證明之，洵於文義未協。其見於理氣之辨也，求之六經中無其文，故借太極兩儀、形而上下之語以飾其說，以取信學者歟？

曰：舍聖人立言之本指，而以己說爲聖人所言，是誣聖也；借其語以飾吾之說，以求取信，是欺學者也。誣聖欺學者，程朱之賢不爲也。蓋見於陰陽氣化，無非有迹可尋，遂以與品物流行同歸之粗，而空言夫理，似超迹象以爲其精，是以觸於形而上下之云，太極兩儀之稱，恍然覺寤理氣之辨如是，不復詳審文義。學者轉相傳述，於是易之本指，其一區別陰陽之於品物，其一言作易之推原天道是生卦畫者，皆置不察矣。

問：朱子云：「道者，日用事物當然之理，皆性之德而具於心。」其於「達道五」，舉孟子所言「父子有親，君臣有義，夫婦有別，長幼有序，朋友有信」以實之。又答呂子約書云：「陰陽也，君臣父子也，皆事物也；人之所行也，形而下者也，萬象紛羅者也。是數者各有當然之理，卽所謂道也，當行之路也，形而上者也，沖漠無朕者也。」如是言道，故於易稱「一陰一陽」，中庸舉「君臣、父子、夫婦、昆弟、朋友之交」，皆似語未備。且其目之爲性，目之爲道者，已屬純粹以精，故於修道不可通，以修爲品節之而已。至「修身以道，修道以仁」，修道與修身並言，兩修字不得有異，但云「能仁其身」而不置解。其舉孟子之言，實「天下之達道五」也。在孟子稱「敎以人倫」，是親、義、序、別、信明屬修道之敎，既曰「率性之謂道」，又曰「修道以仁」，如後儒之云「率其仁之性」，「率其義之性」，豈可通哉！然易稱「立人之道，曰仁與義」，後儒殆通於此而閡隔於彼歟？

曰：日用飲食之爲道，亦如陰陽氣化之爲道也；據其實而言謂之事，以本諸身行之不可廢謂之道。天地無心而成化，非得理失理之可議也。生於陸者入水而死，生於水者離水而死；生於南者習於温而不耐寒，生於北者習於寒而不耐温。此資之以爲養者，彼受之以害生。「天地之大德曰生」，物之不以生而以殺者，豈天地之失德哉？故語道於天地，道之實體卽理之精微，易言「一陰一陽之謂道」，言「立天之道，曰陰與陽，立地之道，曰柔與剛」是也。質言之此道，精言之卽此(道)〔理〕。人之心知有明闇，當其明，則不失；當其闇，則有差謬之失；故語道於人，人倫日用爲道之實事，「率性之謂道」，「修身以道」，「天下之達道五」是也。此所謂道不可不修者也，「修道以仁」及「聖人修之以爲敎」是也。人倫日用之事，實責諸身，觀其行事，身之修不修乃見，故曰「修身以道」。道之責諸身，往往易致差謬，必協乎仁，協乎義，協乎禮，然後於道無憾，故曰「修道以仁」。舉仁以賅義禮，便文從略，故下卽詳及之。此道之實事與理之精微，分而爲言，質言之此道，精言之循而得理，斯乃道之至，所謂「中節之爲達道」，所謂「君子之道」、「聖人之道」是也。「中節之爲達道」者，中正不失，推之天下而準也，君臣、父子、夫婦、昆弟、朋友之交，五者之爲達道，但舉實事而已。智仁勇以行之，而後中正不失。然而卽謂之達道者，達諸天下而不可廢也。彼釋氏棄人倫以成其自私，不明乎此也。易列仁義以配天之陰陽，地之柔剛，在天地質言之，而在人必精言之。然則人倫日用，固道之實事，行之而得，無非仁也，無非義也；行之而失，猶謂之道，不可也。古人言道恆賅理，言理必要於中正不失。而道理二字對舉，或以道屬動，理屬靜，如大戴禮記孔子之言曰：「君子動必以道，靜必以理。」道，謂用其心知之明，行之乎人倫日用而不失；理，謂雖不見諸行事，湛然存其心而不放。或道主統，理主分；或道賅變，理主常，此皆虛以會之(之)於事爲，而非言夫實體也。以君臣、父子、夫婦、昆弟、朋友之交五者爲形而下，爲萬象紛羅，不可謂之道，是指中庸「天下之達道五」而背之，而別求諸「沖漠無朕」，惟老釋謂萬事爲幻、謂空妙爲眞則然，奈何以老釋之言，衡論易與中庸之言，而粗視君臣父子哉！彼釋氏之棄人倫而不顧，率天下之人同於禽獸者，由不知此爲達道也。

問：宋儒嘗反覆推究，先有理抑先有氣，問「先有理後有氣」之說。朱子曰：「不消如此說。而今知得他合下先有理後有氣邪？後有理先有氣邪？皆不可得而推究。然以意度之，則疑此氣是依傍道理行，及此氣之聚，則理亦在焉。蓋氣則能凝結作理，却無情意，無制度，無造作，只此氣凝聚處，理便在其中。且如天地間人物草木禽獸，其生也莫不有種；定不會無種了，白地生出一箇物事；這箇都是氣。若理則只是箇淨潔空闊底世界，無形迹，他却不會造作，氣則能醞釀凝聚生物也。」又譬之「二物渾淪，不害其各爲一物」，朱子云：「理與氣決是二物，但在物上看，則二物渾淪，不可分開各在一處，然不害二物之各爲一物也。若在理上看，則雖未有物而已有物之理，然亦但有其理而已，未嘗實有是物也。」及「主宰」「樞紐」「根柢」之說，目陰陽五行爲空氣，以理爲之「主宰」，陳安卿云：「二氣流行萬古，生生不息，不成只是空氣，必有主宰之者，理是也。」爲「男女萬物生生之本」，饒仲元云：極者至極之義，樞紐根柢之名。聖人以陰陽五行闔闢不窮，而此理爲闔闢之主，男女萬物生生不息，而此理爲生生之本。」抑似實有見者非歟？

曰：非也。陰陽流行，其自然也；精言之，通乎其必然不可易，所謂理也，語陰陽而精言其理，猶語人而精言之曰聖人耳。聖人而後盡乎人之理，盡乎人之理非他，人倫日用盡乎其必然而已矣。推而極於不可易之爲必然，乃語其至，非原其本。宋儒從而過求，徒以語其至者之意言思議目爲一物，謂與氣渾淪而成，主宰樞紐其中，聞之者因習焉不察，莫知其異於六經、孔、孟之言也。況氣之流行既爲生氣，則生氣之靈乃其主宰，如人之一身，心君乎耳目百體是也，豈待別求一物爲陰陽五行之主宰樞紐！下而就男女萬物言之，則陰陽五行乃其根柢，乃其生生之本，亦豈待別求一物爲之根柢，而陰陽五行不足生生哉！

問：後儒言理，與古賢聖言理異歟？

曰：然。舉凡天地、人物、事爲，不聞無可言之理者也，詩曰「有物有則」是也。就天地、人物、事爲求其不易之則是謂理。後儒尊大之，不徒曰「天地、人物、事爲之則」，而轉其語曰「理無不在」，以與氣分本末，視之如一物然，豈理也哉！就天地、人物、事爲求其不易之則，以歸於必然，理至明顯也；謂「理氣渾淪，不害二物之各爲一物」，將使學者皓首茫然，求其物不得，合諸古賢聖之言牴牾不協。姑舍傳注，還而體會六經、論語、孟子之書，或庶幾矣！

問：古人言天道、天德、天理、天命，何以別？

曰：一陰一陽，流行不已，生生不息。主其流行言，則曰道；主其生生言，則曰德。道其實體也，德卽於道見之者也。「天地之大德曰生」，天德不於此見乎？其流行，生生也，尋而求之，語大極於至鉅，語小極於至細，莫不各呈其條理；失條理而能生生者，未之有也。故舉生生卽賅條理，舉條理卽賅生生；信而可徵曰德，徵而可辨曰理，一也。孟子言「孔子集大成」，不過曰「始條理者，智之事也；終條理者，聖之事也」，聖人之於天道，至孔子而極其盛，條理得也。知條理之說者，其知理之謂矣。天理不於此見乎？凡言命者，受以爲限制之稱，如命之東則不得而西。故理義以爲之限制而不敢踰，謂之命；氣數以爲之限制而不能踰，亦謂之命。古人言天之所定，或曰天明，或曰天顯，或曰明命，蓋言乎昭示明顯曰命，言乎經常不易曰理，一也，天命不於此見乎？

問：理之名起於條理歟？

曰：凡物之質，皆有文理，亦呼文縷，理縷，語之轉耳。粲然昭著曰文，循而分之，端緒不亂曰理。故理又訓分，而言治亦通曰理。理字偏旁從玉，玉之文理也。蓋氣初生物，順而融之以成質，莫不具有分理，得其分則有條理而不紊，是以謂之條理。以植物言，其理自根而達末，又別於榦爲枝，綴於枝成葉，根接土壤肥沃以通地氣，葉受風日雨露以通天氣，地氣必上至乎葉，天氣必下返諸根，上下相貫，榮而不瘁者，循之於其理也。以動物言，呼吸通天氣，飲食通地氣，皆循經脈散布，周溉一身，血氣之所循，流轉不阻者，亦於其理也。理字之本訓如是。因而推之，虛以明夫不易之則曰理。所謂則者，匪自我爲之，求諸其物而已矣。詩曰：「天生蒸民，有物有則；民之秉彝，好是懿德。」孔子曰：「（作）〔爲〕此詩者，其知道乎！」孟子申之曰：「故有物必有則，民之秉彝也，故好是懿德。」理也者，天下之民無日不秉持爲經常者也，是以云「民之秉彝」。凡言與行得理之謂（彝）〔懿〕德，得理非他，言之而是、行之而當爲得理，言之而非、行之而不當爲失理。好其得理，惡其失理，於此見理者，「人心之同然」也。

問：理爲「人心之同然」，其大致可得聞歟？

曰：孟子有言：「規矩，方圓之至也；聖人，人倫之至也。」此可以察理矣。夫天地之大，人物之蕃，事爲之條分委曲，苟得其理矣，如直者之中懸，平者之中水，圓者之中規，方者之中矩，夫然後推諸天下萬世而準。易稱「先天而天弗違，後天而奉天時；天且弗違，而況於人乎！況於鬼神乎」，中庸稱「考諸三王而不謬，建諸天地而不悖，質諸鬼神而無疑，百世以俟聖人而不惑」，皆言乎天下之理得也。惟其爲人心之同然，故一人以爲不易，天下萬世以爲不易也。所以爲同然者，人心之明之所止也。尊是理而遂謂天地陰陽不足以當之，必非天地陰陽之理則可。天地陰陽之理，猶聖人之聖也；尊其聖而謂「聖人不足以當之」，可乎？

孟子私淑錄卷中

問：宋儒以氣爲理所湊泊附著，朱子云：「人之所以生，理與氣合而已。天理固浩浩不窮，然非是氣，則雖有是理，而無所湊泊，故必二氣交感，凝結生聚，然後是理有所附著。」又謂「理爲生物之本」，朱子云：「理也者，形而上之道也，生物之本也；氣也者，形而下之器也，生物之具也。是以人物之生，必稟此理，然後有性；必稟此氣，然後有形。」人與禽獸得之爲性也同，而致疑於孟子。朱子云：「孟子言『人所以異於禽獸者幾希』，不知人何故與禽獸異；又言『犬之性猶牛之性，牛之性猶人之性與』，不知人何故與牛犬異。此兩處似欠中間一轉語，須著說是『形氣不同，故性亦少異』始得。恐孟子見得人性同處，自是分曉直截，却於這些子未甚察。」今據易之文，證明「一陰一陽」即天道之實體，其爲氣化，未爲品物，乃孔子所稱「形而上」；及既爲品物，乃孔子所稱「形而下」。然則古賢聖所謂性，專就氣稟言之歟？

曰：氣化生人生物以後，各以類孳生久矣；然類之區別，千古如是也，循其故而已矣。在氣化分言之曰陰陽，曰五行，又分之，則陰陽五行雜糅萬變，是以及其流行，不特品類不同，而一類之中又復不同。孔子曰：「一陰一陽之謂道，繼之者善也，成之者性也。」人物各成其性，明乎性至不同也。語於善，咸與天地繼承不隔；語於性，則以類區別，各如其所受。六經中言性，統舉人物之全，見於此，人物之生本於天道。陰陽五行，天道之實體也。大戴禮記曰：「分於道謂之命，形於一謂之性。」分於道者，分於陰陽五行也。一言乎分，則其所受有偏全、厚薄、清濁、昏明之不齊，不特品類不同，而一類之中又復不同是也，各隨所分而形於一，各成其性也。中庸首言「天命之謂性」，不曰天道而曰天命者，人物咸本於天道，而成性不同，由分於道不能齊也，以限於所分，故曰天命。從而名其稟受之殊曰性，因是日用事爲皆由性起，故曰「率性之謂道」，身之動應無非道也，故曰「不可須臾離，可離非道」。「可」如「體物而不可遺」之可，君子不使其身動應或失，故雖無事時，亦如有事之戒愼恐懼而不敢肆，事至庶幾少差謬也。然性雖不同，大致以類爲之區別，故論語曰「性相近也」，此就人與人相近言之者也。孟子曰，「凡同類者舉相似也，何獨至於人而疑之？聖人與我同類者」，言同類之相似，則異類之不相似明矣；故詰告子「生之謂性」曰，「然則犬之性猶牛之性，牛之性猶人之性與」，明乎其必不可混同言之也。「孟子道性善，言必稱堯舜」，以「人皆可以爲堯舜」，謂之性善，非盡人生而堯舜也。自堯舜至於凡民，其等差凡幾，則其氣稟固不齊，豈得謂非性有不同？然存乎人者，皆有仁義之心，其趨於善也利，而趨於不善也逆其性而不利，所謂「人無有不善，水無有不下」，善乃人之性，下乃水之性，而非以善概之於物。所謂「故者以利爲本」，出於利乃性之本然也，順而非逆，是以利也。然則孟子固專言「人之性善」，且其所謂善者，初非無等差之善，卽孔子所云「相近」；孟子所謂「苟得其養，無物不長；苟失其養，無物不消」，所謂「求則得之，舍則失之，或相倍蓰而無算者，不能盡其才者也」，卽孔子所云「習至於相遠」；孟子所謂「梏之反覆」，「違禽獸不遠」，卽孔子所云「下愚之不移」。宋儒未審其文義，遂彼此閡隔。在天道爲陰陽五行，在人物分而有之以成性，由成性各殊，故材質亦殊。材質者，性之所呈也，離材質，惡覩所謂性哉！故孟子一則曰「非才之罪」，再則曰「非天之降才爾殊」，才、材古字通用。人之材得於天獨全，故物但能遂其自然，人能明於必然。孟子言「聖人與我同類」，又言「犬馬之不與我同類」，是孟子就人之材之美斷其性善明矣。材與性之名，一爲體質，一爲本始，所指各殊，而可卽材之美惡以知其性，材於性無所增損故也。合易、論語、孟子之書言性者如是，咸就其分於陰陽五行以成性爲言，奈何別求一湊泊附著者爲性，豈人物之生莫非二本哉？返而求之，知其一本，或庶幾焉。

問：朱子本程子「性卽理也」一語，釋中庸「天命之謂性」，申之云：「天以陰陽五行化生萬物，氣以成形而理亦賦焉，猶命令也。於是人物之生，因各得其所賦之理以爲健順五常之德，所謂性也。」其釋孟子云：「以氣言之，知覺運動，人與物若不異也；以理言之，則仁義禮智之稟，豈物之所得而全哉？告子不知性之爲理，而以所謂氣者當之，蓋徒知知覺運動之蠢然者人與物同，而不知仁義禮智之粹然者人與物異也。」兩解似相閡隔。其作中庸或問有云：「雖鳥獸草木之生，僅得形氣之偏，而不能通貫乎全體，然其知覺運動，榮瘁開落，亦皆循其性而各有自然之理焉。至於虎狼之父子，蜂蟻之君臣，豺獺之報本，雎鳩之有別，則其形氣之偏，又反有以存其義理之所得。」合觀朱子言性，不出「性卽理也」之云，故云「告子不知性之爲理」。既以性屬之理，理卽其所謂「仁義禮智之稟」，天地、人物、事爲，不聞無可言之理，故釋中庸合人物言之；以物僅得形氣之偏，故釋孟子言「豈物所得而全」，言「仁義禮智之粹然者，人與物異」。或問一條，於兩注可謂融矣。程子云：「論性不論氣不備，論氣不論性不明。」故朱子言性專屬之理，而又及「形氣之偏」，皆出於程子也。程朱之說，謂「理無不善，而形氣有不善」，故以「孟子道性善」歸之本原，以孔子言「性相近」，下而及於荀子言「性惡」，揚子言「善惡混」，韓子言「三品」，悉歸氣質之性，是荀、揚、韓皆有合於孔子；朱子答門人云：「氣質之說，起於張程。韓退之原性中說『三品』，但不曾分明說是氣質之性耳；孟子說性善，但說得本原處，下面不曾說得氣質之性，所以亦費分疏；諸子說性惡與善惡混；使張程之說早出，則許多說話自不用紛爭。」又以告子之說爲合於荀揚，朱子於告子「杞柳」之喻云：「告子言人性本無仁義，必待矯揉而後成，如荀子性惡之說也。」於「湍水」之喻云：「告子因前說而小變之，近於揚子善惡混之說。」合於孔子。程子云：「凡言性處，須看立意如何。且如言人性善，性之本也，生之謂性，論其所稟也。孔子言性相近，若論其本，豈可言相近？只論其所稟也。告子所云固是，爲孟子問他，他說便不是也。」使告子明云「氣質之性」，孟子將不辨之歟？孔子言「性相近」，亦未明云「氣質之性」，程子云：「性一也，何以言相近？此只是氣質之性，如俗言性急性緩之類。性安有緩急？此言性者，生之謂性也。」將與告子荀子諸人同歟？此宋儒之說雖極完備，彌啓後人之疑。近思錄程子云：「人生而靜以上不容說，纔說性時，便已不是性也。」朱子云：「人生而靜以上，是人物未生時，只可謂之理，未可名爲性，所謂在天曰命也。纔說性時，便是人生以後，此理已墮在氣質中，不全是性之本體矣，所謂『在人曰性』也。」然則孟子乃追遡人物未生未可名性之時而曰性善，若就名爲性之時，已是人生以後，已墮在形氣之中，惡得斷之曰善？程子云：「孟子言性，當隨文看。本以告子『生之謂性』爲不然者，此亦性也，被命受生以後謂之性耳，故不同。繼之以『犬之性猶牛之性，牛之性猶人之性與』，然不害爲一。若乃孟子之言善者，乃極本窮源之性。」由是言之，將天下古今惟上聖之性不失其性之本體，自上聖而下，論人之性皆失其本體。孔子以不全是性之本體者言性相近，孟子以未可名性者言性善。於孔子不敢顯言不明，而直斥孟子不備。朱子云：「孟子說性善，是論性不論氣。荀揚而下，是論氣不論性。孟子終是未備，所以不能杜絕荀揚之口。然不備，但少欠耳；不明，則大害事。」陳器之云：「孟子時，諸子之言性，往往皆於氣質上有見，而遂指氣質作性，但能知其形而下者耳，故孟子答之，只就義理上說，以攻他未曉處。氣質之性，諸子方得於此，孟子所以不復言之；義理之性，諸子未通於此，孟子所以反覆詳說之。程子之說，正恐後學死執孟子義理之說而遺失氣質之性，故併二者而言之，曰『論性不論氣不備，論氣不論性不明』。程子之論舉其全，孟子之論所以矯諸子之偏。」宋儒剖析至此，愈令人惑。學者習聞宋儒之說，完備剖析，以孔子所言者一性，孟子所言者一性，任其閡隔，不復求通。苟還而體會易、論語、中庸、孟子於傳注，洵疑惑不解矣。宋儒之所以失者安在？

曰，性之名，自古及今，雖婦人孺子亦矢口舉之不謬者也，本盡人可知之通名也，儒者轉過求，失之。如飛潛動植，舉凡品物之性，皆就其氣類別之。人物分於陰陽五行以成性，舍氣類更無性之名。醫家用藥，在精辨其氣類之殊；不別其性，則能殺人。使曰「此氣類之殊者已不是性」，良醫信之乎？試觀之桃與杏；取其核而種之，萌芽甲坼，根榦枝葉，爲華爲實，形色臭味，桃非杏也，杏非桃也，無一不可區別，由性之不同，是以然也。其性存乎核中之白，即俗稱桃仁杏仁者。形色臭味，無一或闕也。凡植禾稼卉木，畜鳥獸蟲魚，皆務知其性。知其性者，知其氣類之殊，乃能使之碩大蕃滋也。何獨至於人而指夫分於陰陽五行以成性者，曰「此已不是性也」？豈其然哉？天道，陰陽五行而已矣。人物之性，分於道而有之，成其各殊者而已矣；其不同類者各殊也，其同類者相似也。孟子曰：「如使口之於味也，其性與人殊，若犬馬之與我不同類也，則天下何耆皆從易牙之於味也！」又言「動心忍性」。是孟子矢口言之，亦卽別於氣類，盡人而知之性。孟子言性，曷嘗自歧爲二哉！於告子「生之謂性」必致辨者，成則各殊，徒曰生而已矣，將同人於犬牛而不察其殊；告子聞孟子詰之不復曰「然」者，非見於「仁義禮智之粹然者，人與物異」而語塞也，犬與牛之異，又豈屬「仁義禮智之粹然者」哉？況朱子言「性之本，物與人同，至形氣之偏，始物與人異」，是孟子又舍其「理之同」而就「形氣」以爲言矣。且謂「告子徒知知覺運動之蠢然者人與物同」，在告子旣以知覺運動者爲性，何不可直應之曰「然」？斯以見告子亦窮於知覺運動不可概人物，而目爲蠢然同也。觀孟子以氣類之殊詰告子，知孟子未嘗謂性之爲理亦明矣。

問：知覺運動不可概人物而目爲「蠢然同」，其異安在？

曰：凡有生卽不隔於天地之氣化。陰陽五行之運而不已，天地之氣化也，人物之生本乎是，由其分而有之不齊，是以成性各殊。知覺運動者，統乎生之全言之也，由其成性各殊，是以得之以生，見乎知覺運動也亦殊。氣之自然潛運，飛潛動植皆同，此生生之機原於天地者也，而其本受之氣與所資以養者之氣則不同。所資以養者之氣，雖由外而入，大致以本受之氣召之。五行有生克，遇其克之者則傷，甚則死，此可知性之各殊矣。本受之氣及所資以養者之氣，必相得而不相逆，斯外內爲一；其得於天地之氣本一，然後相得不相逆也。氣運而形不動者，卉木是也；凡有血氣者，皆形能動者也。由其成性各殊，故形質各殊，則其形質之動而爲百體之用者，利用不利用亦殊。知覺云者，如寐而寤曰覺，心之所通曰知，百體皆能覺，而心之知覺爲大。凡相忘於習則不覺，見異焉乃覺。魚相忘於水，其非生於水者不能相忘於水也，則覺不覺亦有殊致矣。聞蟲鳥以爲候，聞鷄鳴以爲辰，彼之感而覺，覺而聲應之，又覺之殊致有然矣，無非性使然也。若夫虎狼之父子，蜂蟻之君臣，其自然之知覺，合於人之所謂理義者矣，而各由性成。人則無不全也，全而盡之無憾者，聖人也，知之極其量也。知覺運動者，人物之生；知覺運動之所以異者，人物之殊其性。孟子曰：「心之所同然者，謂理也，義也，聖人先得我心之所同然耳。」於義外之說必致其辨，以人能全夫理義，故曰性善，言理之爲性，非言性之爲理。人之生也，分於陰陽五行以成性，而其得之也全。聲色臭味之欲，資以養其生；喜怒哀樂之情，感而至乎物；美惡是非之知，思而通於天地鬼神；凡日用事爲，皆性爲之本，而所謂人道也。上之原於陰陽五行，所謂天道也。言乎天地之化曰天道，言乎天地之中曰天德。耳目百體之所欲，血氣資之以養者，原於天地之化者也。故在天爲天道，在人爲性，而見於日用事爲爲人道。仁義之心，原於天地之中者也。故在天爲天德，在人爲性之德，然而非有二也。就天地之化而語於無憾曰天地之中，就日用事爲而語於無失曰仁義。凡達諸天下而不可廢者，未有非性使之然者也。古人言性，但以氣稟言，未嘗明言理義爲性，蓋不待言而可知也。至孟子時，異說紛起，以理義爲聖人治天下之具，設此一法以強之從，害道之言，皆由外理義而生。

人但知耳之於聲，目之於色，鼻之於臭，口之於味之爲性，而不知心之於理義，亦猶耳目鼻口之於聲色臭味也，故曰「至於心獨無所同然乎」，蓋就其所知以證明其所不知，舉聲色臭味之欲歸之耳目鼻口，舉理義之好歸之心，皆內也，非外也，比而合之以解天下之惑，俾曉然無疑於理義之爲性，害道之言庶幾可以息矣。孟子明人心之通於理義，與耳目鼻口之通於聲色臭味，咸根諸性而非後起。後儒見孟子言性，則曰理義，則曰仁義禮智，不得其說，遂謂孟子以理爲性，推而上之，以理爲生物之本，匪徒於道於性不得其實體，而於理之名亦失其起於天地、人物、事爲不易之則，使人茫然求其物不得矣。

問：聲色臭味之欲亦宜根於心，今專以理義之好爲根於心，於「好是懿德」固然矣，抑聲色臭味之欲徒根於耳目鼻口歟？心，君乎百體者也，百體之能，皆心之能也，豈耳悅聲，目悅色，鼻悅臭，口悅味，非心悅之乎？

曰：否。心能使耳目鼻口，不能代耳目鼻口之能，彼其能者各自具也，故不能相爲。人物受形於天地，故恒與之相通。盈天地之間，有聲也，有色也，有臭也，有味也；舉聲色臭味，則盈天地間者無或遺矣。外內相通，其開竅也，是爲耳目鼻口。五行有生克，生則相得，克則相逆，血氣之得其養、失其養繫焉，資於外足以養其內，此皆陰陽五行之所爲，外之盈天地之間，內之備於吾身，外內相得無間而養道備。「民之質矣，日用飮食」，自古及今，以爲道之經也。血氣各資以養，而開竅於耳目鼻口以通之，既於是通，故各成其能而分職司之。孔子曰：「少之時，血氣未定，戒之在色；及其壯也，血氣方剛，戒之在鬬；及其老也，血氣既衰，戒之在得。」血氣之所爲不一，舉凡身之嗜欲根於血氣明矣，非根於心也。孟子曰，「理義之悅我心，猶芻豢之悅我口」，非喻言也。凡人行一事，有當於理義，其心氣必暢然自得；悖於理義，心氣必沮喪自失，以此見心之於理義，一同乎血氣之於嗜欲，皆性使然耳。耳目鼻口之官，臣道也；心之官，君道也；臣效其能而君正其可否。理義非他，可否之而當，是爲理義。聲色臭味之欲，察其可否，皆有不易之則。故理義者，非心出一意以可否之，若心出一意以可否之，何異強制之乎！因乎其事，察其不易之則，所謂「有物必有則」，以其則正其物，如是而已矣。

問：人物分於陰陽五行，其成性各不同。人之生也，稟天地之氣，則亦肖乎天地之德。物之得於天者，非稟氣而生，遺天地之德也。而孟子道性善，但言「人之異於禽獸」概舉之，獨人之性善，其故安在？

曰：耳目鼻口之官各有所司，而心獨無所司，心之官統主乎上以使之，此凡血氣之屬皆然。其心能知覺，皆懷生畏死，因而趨利避害，凡血氣之屬所同也；雖有不同，不過於此有明闇耳。就其明闇以制可否，不出乎懷生畏死者，物也。人之異於禽獸不在是。禽獸知母而不知父，限於知覺也；然愛其生之者及愛其所生，與雌雄牝牡之相愛，同類之不相噬，習處之不相齧，進乎懷生畏死矣。一私於身，一及於身之所親，皆仁之屬也。私於身者，仁其身也；及於身之所親者，仁其所親也；本天地生生之德，發乎自然有如是。人之異於禽獸亦不在是。人物分於氣化，各成其性，一陰一陽，流行不已，生生不息，觀於生生，可以言仁矣。在天爲氣化之生生，在人爲其生生之心，是乃仁之爲德也，非別有一物以與人而謂之仁。由其生生有自然之條理，惟條理所以生生，觀於條理之秩然有序，可以言禮矣；失條理，則生生之道絕。觀於條理之截然不可亂，可以言義矣；亦非別有其物而謂之禮，謂之義。合而言之，舉義可以該禮，「立人之道，曰仁與義」是也；舉禮亦可以該義，而舉仁貴全乎禮義，論語曰「克己復禮爲仁」是也。若夫條理〔之〕得於心，爲心之淵，然而條理則名智，故智者，事物至乎前，無或失其條理；不智者異是。中庸言「修道以仁」，連舉義又連舉禮而不及智；言以達德行達道，舉智仁勇而不及禮義，互文也。禮義有愆，由於不智。告子曰：「食色，性也；仁，內也，非外也；義，外也，非內也。」卽其「生之謂性」之說，同人於犬牛而不察其殊也。彼以自然者爲性使之然，以義爲非自然，轉制其自然，使之強而相從。老聃、莊周、告子及釋氏，皆不出乎以自然爲宗，惑於其說者，以自然直與天地相似，更無容他求，遂謂爲道之至高。宋之陸子靜、明之王文成及才質過人者，多蔽於此。孟子何嘗以自然者非性使之然哉？以義亦出於自然也，故曰：「惻隱之心，人皆有之；羞惡之心，人皆有之；恭敬之心，人皆有之；是非之心，人皆有之。」孟子之言乎自然，異於告子之言乎自然，蓋自然而歸於必然。必然者，不易之則也，非制其自然使之強而相從也。天下自然而無失者，其惟聖人乎！孔子言「從心所欲不踰矩」，「從心所欲」者，自然也；「不踰矩」者，歸於必然也。必然之與自然，非二事也，就其自然明之盡，而無幾微之失焉，是其必然也；如是而後無憾，如是而後安，是乃古賢聖之所謂自然也。彼任其自然而失者無論矣。貴其自然，靜以保之，而視問學爲用心於外，及乎動應，如其材質所到，亦有自然不失之處，不過材質之美，偶中一二，若統計行事，差謬多矣。且一以自然爲宗而廢問學，其心之知覺有所止，不復日益，差謬之多，不求不思，以此終其身而自尊大，是以君子惡其害道也。老聃、莊周、告子、釋氏之說，貴其自然，同人於禽獸者也。聖人之教，使人明於必然，所謂「考諸三王而不謬，建諸天地而不悖，質諸鬼神而無疑，百世以俟聖人而不惑」，斯爲明之盡。人與物咸有知覺，而物之知覺不足與於此。人物以類區分，而人所稟受，其氣淸明，遠於物之不可開通。禮義者，心之所通也，人以有禮義異於禽獸，實人之智大遠乎物。然則天地之氣化，生生而條理，生生之德，鮮不得者；惟人性開通，能不失其條理，則生生之德因之至盛。物循乎自然，人能明於必然，此人物之異，孟子以「人皆可以爲堯舜」斷其性善，在是也。

孟子私淑錄卷下

問：荀子之所謂性，亦孟子之所謂性；孟子知性之全體，其餘皆不知性之全體，故惟孟子與孔子合。然指爲性者，實古今所同謂之性。至告子所謂性，朱子謂一似荀子言性惡，一似揚子言善惡混，一似釋氏言作用是性。今以荀揚不與釋氏同，則告子不得與荀揚同矣，豈獨與釋氏所謂性相似歟？

曰：然。老聃、莊周之書，其所貴焉者咸此也，「杞柳」「湍水」之喻，胥是物也。其視仁義，視善不善，歸之有欲有爲以後事；而其保此性也，主於無爲自然，卽釋氏云「不思善，不思惡，時認本來面目」是也，實一說而非有三說。

問：告子、釋氏指何者爲性？

曰：神氣形色，古賢聖一視之，修其身，期於言行無差謬而已矣，故孟子曰「形色天性也，惟聖人然後可以踐形」。人物成性不同，故形色各殊。人之形，官器利用，大遠乎物，然而幾如物之蠢然，是不踐形也；於人之道無憾無失，斯爲踐形耳。老聃、莊周、告子、釋氏，其立說似參差，大致皆起於自私，皆以自然爲宗。彼視一身之中，具形氣以生，而神爲之主宰，因貴此神以爲形氣之本，究之神與氣不可相離，故老子曰：「一生二，二生三，三生萬物。萬物負陰而抱陽，沖氣以爲和。」其言乎天地間也，曰：「有物混成，先天地生。」從此而分陰陽，一生二也；陰陽與此而三，二生三也；言乎人物三者咸具，陰也，陽也，沖氣以爲和，卽主宰之者也。彼見於氣可言有，神存乎其有而不可謂有，又不可謂無，然不離氣者也，故曰沖氣。上之原於「有物混成，先天地生」之道，不離氣而別於氣，故曰：「道之爲物，惟恍惟忽，忽兮恍兮，其中有像；恍兮忽兮，其中有物。」莊子言神之主宰於身，則曰「若有眞宰而特不得其眹」，曰「其有眞君存焉，如求得其情與不得，無益損乎其眞」，繼之曰「一受其成形，不亡以待盡，與物相刃相靡，其行盡如馳而莫之能止，不亦悲乎」，言此神受形而生，則不去以待，形化而有血氣，乃有情欲，皆足以戕之，趨於速斂也。又曰，「終身役役而不見其成功，薾然疲役而不知其所歸，可不哀邪」，言求諸外者徒勞其神者也。又曰，「人謂之不死，奚益！其形化，其心與之然，可不謂大哀乎」，言人壽有修短，雖不死之日，不知保此心爲形君之神，至與形俱斂也。釋氏「人死爲鬼，鬼復爲人」之說，與莊子此條同。老氏言「長生久視」，釋氏言「不生不滅」，語似異，而以死爲返其眞，視形體爲假合，從而空之，不過恐害其神之自然，指歸不異也。告子同於釋氏，以神識爲性，釋氏謂之曰「眞空」，謂之曰「作用」。謂「眞空」，則能攝衆有而應變，謂「即此識情便是眞空妙智」，謂「湛然常寂，應用無方，用而常空，空而常用，用而不有，即是眞空，空而不無，即成妙有」，故言「空是性」，又言「作用是性」。釋氏書中，問：「如何是佛？」曰：「見性爲佛。」「如何是性？」曰：「作用爲性。」「如何是作用？」曰：「在目曰見，在耳曰聞，在鼻臭香，在口談論，在手執捉，在足運奔，徧見俱該法界，收攝在一微塵，識者知是佛性，不識喚作精魂。」此皆「生之謂性」之說也，固無取乎善惡之分。其顯然道破處，如云「不思善，不思惡，時認本來面目」，即告子「性無善無不善」宗指。後世禪家，不云「不思善」而渾其語，如傳燈錄云「飢來吃飯困來眠」，即老子所云：「上士聞道，勤而行之；中士聞道，若存若亡；下士聞道，大笑之。不笑不足以爲道。」彼「飢食困眠」，聞之即可大笑，此即「致虛極，守靜篤」，即「勤而行之」也；致虛未極，守靜未篤，乃「若存若亡」也。其說大都主於一切空之，便妙用無方。老聃、莊周、告子、釋氏，立言不同而同出一轍如是。宋時如陸子靜、楊敬仲及明王文成諸人，其言論皆如此。子靜之言曰：「收拾精神，自作主宰，萬物皆備於我，何有闕欠！當惻隱時，自然惻隱；當羞惡時，自然羞惡；當寬裕溫柔時，自然寬裕溫柔；當發强剛毅時，自然發强剛毅。」又曰：「惡能害心，善亦能害心。」敬仲之言曰：「目能視，所以能視者何物？耳能聽，所以能聽者何物？口能噬，鼻能臭，所以能噬能臭者何物？手能運用，足能步趨，心能思慮，所以能運用、步趨、思慮者何物？」王文成之言曰：「聖人致知之功，至誠無息。其良知之體，皦如明鏡，妍媸之來，隨物見形，而明鏡曾無留染，所謂『情順萬事而無情』也。『無所住(以)〔而〕生其心』，佛氏曾有是言，未爲非也。明鏡之應，妍者妍，媸者媸，一照而皆眞，即是『生其心』處；妍者妍，媸者媸，一過而不留，即〔是〕『無所住』處。」又曰：「『本來面目』，即吾聖門所謂『良知』，隨物而格，是致知之功，即佛氏之『常惺惺』，亦是『常存他本來面目』耳。體段功夫，大略相似。」文成釋「格物」爲「扞禦外物」。在老聃、莊周、告子，直據己見而已。故告子言「無善無不善」，言「無分於善不善」，言「義外」者，後人因孟子嘗辨之，則以此爲善已無可復加，爲仁義禮智皆備，且所稱者出中庸、大學、孟子之書以飾其說，學者不可不辨別疑似也。

問：邵子云：「神無方而性有質。」又云：「性者，道之形體；心者，性之郛郭。」又云：「人之神卽天地之神。」合其言觀之，所謂道者，指天地之「神無方」也；所謂性者，指人之「神有質」

也。此老聃、莊周、告子、釋氏之所謂道，所謂性，而邵子亦言之，何也？

曰：邵子之學，深得於老莊，其書未嘗自諱。以心爲性之郛郭，謂人之神宅此郛郭之中也。朱子於其指神爲道、指神爲性者，皆轉而以理當之。邵子之書有曰：「道與一，神之強名也。」幾以道爲不足當神之稱矣。其書又曰：「神統於心，氣統於腎，形統於首；形氣交而神主乎其中，三才之道也。」此以神周乎一身而宅於心，爲之統會也。又曰：「氣則養性，性則乘氣；故氣存則性存，性動則氣動也。」此卽導養之說，指神之炯炯而不昧者爲性，氣之絪緼而不息者爲命，神乘乎氣而資氣以養也。王文成云：「夫良知一也，以其妙用而言謂之神，以其流行而言謂之氣。」立說亦同。

問：張子云：「由太虛，有天之名；由氣化，有道之名；合虛與氣，有性之名；合性與知覺，有心之名。」別性於知覺，其所謂性，似同於程子云「性卽理也」，與邵子指神爲性者有異。陳器之云：「仁義禮智者，義理之性也；知覺運動者，氣質之性也。有義理之性而無氣質之性，則義理必無附著；有氣質之性而無義理之性，則無異於枯死之物。故有義理以行乎血氣之中，有血氣以受義理之體，合虛與氣而性全。」然以虛指理，古賢聖未嘗有是稱，不幾猶釋氏言「空是性」歟？

曰：釋氏所謂「空是性」者，指神之本體；又言「作用是性」，則指神在形質之中而能知覺運動也。張子云：「神者，太虛妙應之目。」是其所謂虛，亦未嘗不以爲神之本體，而又曰：「天之不測謂神，神而有常謂天。」然則「由太虛有天之名」者，以「神而有常」爲言。釋氏有見於自然，故以神爲已足；張子有見於必然之爲理，故不徒曰神，而曰「神而有常」，此其所見近於孔孟而異於釋氏也。然分理氣爲二，視理爲「如一物」，故其言理也，求其物不得，就陰陽不測之神以言理，以是爲性之本源，而目氣化生人生物曰「游氣紛擾，合而成質者，生人物之萬殊」，則其言合虛與氣，虛指神而有常，氣指游氣紛擾，乃雜乎老釋之見，未得性之實體也。惟「由氣化有道之名」一語，合於易言「一陰一陽之謂道」。又曰：「神，天德；化，天道。」道以化言，是也；德以神言，非也。彼釋氏自貴其神，亦以爲足乎天德矣。張子之書又有之曰：「氣有陰陽，推行有漸爲化，合一不測爲神。」聖人復起，不易斯言。邵子言「形可分，神不可分」，語可參觀。以人物驗之，耳目百體會歸於心，心者，合一不測之神也。如耳目鼻口之官，是形可分也；而統攝於心，是神不可分也。夫天地間，有陰陽，斯有人物，於其推行謂之化，於其合一謂之神，天道之自然也；於其分用爲耳目百體，於其合一則爲心，生物之自然也。是故就天地言，化，其事也，神，其能也，事能俱無憾，天地之德也。人之血氣本乎化，人之心知配乎神，血氣心知無失，配乎天地之德，無憾無失，夫是之謂理而已矣。由化以知神，由化與神以知德。「天之生物也，使之一本」，而以性專屬之神，則目形體爲假合，以性專屬之理，則謂「纔說性時，已不是性」，皆二本故也。

問：宋儒言「稟理然後有性，稟氣然後有形」，雖虛揣以爲說，謂「理氣渾淪，不害二物之各爲一物」，實求其物，不得若老聃、莊周、告子、釋氏之言。夫性則確有指實，不過區別於形氣之中，言其主之者耳。曰形，曰氣，曰神，三者求之一身，儼然如三物，凡血氣之屬，未有或闕者也。荀子謂「性者天之就」，雖專屬形氣之自然，故不遺夫神，而以爲非天之就也。其稱性也，兼以惡概之，而伸其重學崇禮義之說，何以論荀子則曰不知性之全體而已，論告子、釋氏則斷爲異說，何也？

曰：性者，分於陰陽五行，品物區以別焉，各爲之本始，統其所有之事，所具之能，所全之德而名之，非以知覺運動者名之，易言「成之者性」是也。其一身中，分而爲言，曰形、曰氣、曰神者，材也，易言「精氣爲物」是也。心爲形君，耳目百體者，氣融而靈，心者，氣通而神。告子貴其神而不知性者也，其不動心，神定而一無責焉之爲不動也。性可以根柢言，材可以純駁清濁言，由其成性也殊，則其材亦殊，成是性斯爲是材；神可以主宰樞紐言，思可以敏鈍得失言，知可以淺深精粗言，皆根於性而存乎材者也。理，譬之中規中矩也，氣通而神，是以能思，資於學以導其思，以極其知之量，古賢聖之敎也。荀子不知性之全體，而其說至於重學崇禮義，猶不失爲聖人之徒，特未聞道耳。老聃、莊周、告子、釋氏，以自然爲宗，不知性之區別而徒貴其神，去其情欲之能害是者卽以爲已足，與古賢聖立敎，由博學、審問、愼思、明辨以求無差謬者異，是故斷之爲異說，不得同於荀子也。

問：周子通書有云：「『聖可學乎？』曰：『可。』『有要乎？』曰：『有。』『請問焉。』曰：『一爲要。一者，無欲也。無欲則靜虛動直，靜虛則明，明則通；動直則公，公則溥。明通公溥，庶矣哉！』」此與老氏「爲道日損」，釋氏「六用不行，眞空妙智」之說，及陸子靜言「人心至靈，此理至明，人皆有此心，心皆具是理」，王文成言「聖人致知之功，至誠無息，其良知之體，皦如明鏡」者，立言不殊。後儒於周子則以爲切要之指，莫敢違議，於老、釋、陸、王則非之，何也？

曰：周子之學，得於老釋者深，而其言渾然與孔孟相比附，後儒莫能辨也。朱子以周子爲二程子所師，故信之篤，考其實固不然。程叔子撰明道先生行狀，言「自十五六時，聞周茂叔論道，遂厭科舉之業，慨然有求道之志，未知其要，泛濫於諸家，出入於老釋者幾十年，返求諸六經，然後得之」，其不得於周子明矣；且直字之曰周茂叔，其未嘗師事亦明矣；見周茂叔後，乃出入於老釋。張橫渠亦訪諸釋老之書累年；朱子年四十以前，猶馳心空妙。宋儒求道，往往先以老釋爲借階，雖終能覺寤老釋之非，而受其蔽，習於先入之言不察者亦不少。周子論學聖人主於無欲，王文成論致知主於良知之體，皆以老釋廢學之意論學，害之大者也。

問：程子、朱子以性爲「足於己」，其語學則曰「復其初」，程子云：「聖賢論天德，蓋自家元是天然完全自足之物，若無所汚壞，即當直而行之；若小有汚壞，即敬以治之，使復如舊。」朱子於論語首章，於大學「明明德」，皆以「復其初」爲言。「復其初」之云，出莊周書。莊子繕性篇曰：「繕性於俗學以求復其初，滑欲於俗知以求致其明，謂之蔽蒙之民。」又曰：「文滅質，博溺心，然後民始惑亂，無以返其性情而復其初。」無異釋氏所謂「本來面目」。然孟子亦曰：「大人者，不失其赤子之心者也。」豈彼以神言，此以理言，不嫌於語同而指歸異歟？

曰：孟子言性善，非無等差之善，不以性爲「足於己」也，主擴而充之，非「復其初」也。人之形體，與人之心性比而論之：形體始乎幼小，終於長大，方其幼小，非自有生之始即攖疾病小之也。今論心性而曰「其初盡人而聖人，自有生之始卽不汚壞者鮮」，豈其然哉！形體之長大，資於飮食之養，乃長日加益，非「復其初」；心性之資於問學，進而賢人聖人，非「復其初」明矣。形體無虧闕，故可以長大，而夭傷者，失其可長大者也；赤子之心，皆有仁義禮智之端，可以擴充，而不充之者，失其能充之心者也。人物分於陰陽五行以成性，而人異於物者，其性開通，無不可以牖其昧而進於明，較其材質，等差凡幾。古賢聖知人之得於天有等差，是以重問學，貴擴充。老聃、莊周、告子、釋氏，謂得之以性皆同其神，與天地等量，是以守己自足，主於去情欲以勿害之，不必問學以充之。宋儒或出焉，或入焉，故習其說者不得所據，多流於老釋。讀古人書，所愼尤在疑似，此亦當辨之大端也。

問：神爲形氣之主宰，莊子謂「一受其成形，不亡以待盡」，釋氏「人死爲鬼，鬼復爲人」之說同此。在古人制祭祀之禮，以人道事鬼神，而傳稱「鬼猶求食」及「伯有爲厲」。又宇宙間怪見不一，愚夫婦亦往往耳聞目見，不得不惑於釋氏所云。而言仙者又能盜氣於天地間，使其神離血氣之體以爲有。故其言性也，卽神之炯炯而不昧者；其言命也，卽氣之絪縕而不息者，有所指實也如是。老聃、莊周、告子、釋氏，靜以會夫一身，見莫貴於此，莫先於此。今以形、氣、神統歸之材，而曰性可以根柢言，神可以主宰樞紐言，理則譬之中規中矩，不以神先形氣，不以理爲主宰、樞紐、根柢。老釋之說，宋儒之說，指歸不同而失同，何也？

曰：孔子言：「原始要終，故知死生之說；精氣爲物，游魂爲變，是故知鬼神之情狀。」人物分於陰陽五行以成性，成是性斯爲是材以生，可以原始而知也；形敝氣散而死，可以反終而知也。其生也，精氣之融以有形體，凡血氣之屬，有生則能運動，能運動則能知覺，知覺者，其精氣之秀也。人之知覺，能通乎天地之德，因行其所知底於無失，斯無往非仁，無往非禮義矣。左氏春秋曰：「人生始化曰魄，既生魄，陽曰魂。」魂魄非他，其精氣之能知覺運動也，是以又謂之神靈。曾子言「陽之精氣曰神，陰之精氣曰靈」是也。至於形敝而精氣猶凝，是謂游魂，言乎離血氣之體也。精氣爲物者，氣之精而凝，品物流行之常也；游魂爲變者，魂之游而存，其後之有敝有未敝也，變則不可窮詰矣。彼有見於游魂爲變，而主其一偏，昧其大常，遂以其盜天地生生之機者爲己之本體。彼之以神先形氣，聖人所謂游魂爲變中之一端耳。在老釋就一身分言之，有形氣，有神識，而以神識爲本；推而上之，以神爲有天地之本，遂求諸無形無象者爲實有，而視有形有象爲幻。在宋儒以形氣神識同爲己之私，而理得於天；推而上之，於理氣截之分明，以理當其無形無象之實有，而視有形有象爲粗。天之生物也，使之一本，荀子以禮義與性爲二本，宋儒以理與氣質爲二本，老聃、莊周、告子、釋氏以神與形體爲二本。然而荀子推崇禮義，宋儒推崇理，於聖人之教不害也，不知性耳。老聃、莊周、告子、釋氏，守己自足，不惟不知性而已，實害聖人之教者也。

問：程叔子撰明道先生行狀云：「泛濫於諸家，出入於老釋者幾十年，返求諸六經，然後得之。」呂與叔撰橫渠先生行狀云：「范文正公勸讀中庸，先生讀其書，雖愛之，猶以爲未足，於是又訪諸釋老之書，累年，盡究其說，知無所得，返而求之六經。」朱子語類廖德明錄癸巳所聞云：「先生言：二三年前見得此事尚鶻突，爲他佛說得相似，近年來方看得分曉。」癸巳，朱子四十四歲。朱子答汪尚書書云：「熹於釋氏之說，蓋嘗師其人，尊其道，求之亦切至矣，然未能有得。其後以先生君子之敎，校乎前後緩急之序，於是暫置其說而從事於吾學。其始蓋未嘗一日不往來於心也，以爲俟卒究吾說而後求之未爲甚晚。而一二年來，心獨有所自安，雖未能卽有諸己，然欲復求之外學以遂其初心，不可得矣。」考朱子慕禪學在十五六時，年二十四見李愿中，敎以看聖賢言語，而其後十餘年，有答何京叔二書，意見乃與釋氏不殊，信彼爲有實得，此爲支離，反用聖賢言語指其所得於釋氏者。及五十內外，所見漸定，不惑於釋氏。合觀程子、朱子、張子皆先入於老釋，究之能覺悟其非，何也？

曰：四君子皆志賢聖之志者也，其學主乎求是，故於此於彼，期在自得，不在虛名。考之六經，茫然不得性道之實體，則必求諸彼矣。求諸彼，而其言道言性確有指實，且言夫體用一致也似神，能靡不周。如說「性周遍法界，淨智圓妙，體自空寂」。故朱子嘗馳心空妙，冀得之以爲衡鑒事物之本，極其致，所謂「明心見性」，不過「六用不行」，彼所以還其神之本體者，卽本體得矣，以爲如此便足無欠闕矣，實動輒差謬。在彼以自然爲宗本，不論差謬與否，而四君子求是之心，久之亦知其不可恃以衡鑒事物，故終能覺寤其非也。夫人之異於物者，人能明於必然，百物之生遂其自然也。孔孟之異於老聃、莊周、告子、釋氏者，自「志學」以至「從心所欲不踰矩」，皆見夫天地、人物、事爲有不易之則之爲必然，而博文約禮以漸致其功。彼謂「致虛極，守靜篤」，「爲道日損，損之又損以至於無」，至於「道法自然」，無以復加矣。孟子而後，惟荀子見於禮義爲必然，見於不可徒任自然，而不知禮義卽自然之極則；宋儒亦見於理爲必然，而以理爲太極，爲「生陽生陰之本」，爲「不離陰陽，仍不雜於陰陽」，指其在人物爲性，爲「不離氣質，仍不雜於氣質」。蓋不知理者，自然之極則也，視理儼如一物，加以主宰、樞紐、根柢之說，一似理亦同乎老釋所指者之於人爲本來面目。朱子之辨釋氏也，曰：「儒者以理爲不生不滅，釋氏以神識爲不生不滅。」就彼言神識者，轉之以言夫理，尊理而重學，遠於老聃、莊周、告子、釋氏矣。然以彼例此而不協乎此，故指孔孟所謂道者非道，所謂性者非性，增一怳忽不可得而推究之主宰、樞紐、根柢，因視氣曰空氣，視心曰性之郛郭。是彼奉一自然者之神居此空氣之上，郛郭之中；此奉一必然之理居此空氣之上，郛郭之中也。苟知有物必有則，不以則與物二視之，庶幾於孔孟之言道言性者始可通。物者，指其實體實事之名；則者，稱其純粹中正之名。實體實事，罔非自然而歸於必然，天地、人物、事爲之理得矣。自然之極則是謂理，宋儒借階於釋氏，是故失之也。凡習於先入之言，往往受其蔽而不覺。宋儒言「道爲氣之主宰樞紐」，如彼以「神爲氣之主宰樞紐」也；以「理能生氣」，如彼以「神能生氣」也；以「理墮在形氣之中，變化氣質則復其初」，如彼以「神受形氣而生，不以形氣物欲累之則復其初」也。皆改其所指爲神識者以指理。其終遠於老釋而近於孔孟，則彼以自然爲指歸，此以必然爲指歸也。

答彭進士允初書

允初先生足下：

日前承示二林居制義，文境高絕！然在作者，不以爲文而已，以爲道也；大暢心宗，參活程朱之說，以傅合六經、孔、孟，使閎肆無涯涘。孟子曰：「資之深則取之左右逢其源。」凡自得之學盡然。求孔孟之道，不至是不可謂之有得；求楊、墨、老、莊、佛之道，不至是亦不可謂之有得。宋以前，孔孟自孔孟，老釋自老釋；談老釋者高妙其言，不依附孔孟。宋以來，孔孟之書盡失其解，儒者雜襲老釋之言以解之。於是有讀儒書而流入老釋者；有好老釋而溺其中，旣而觸於儒書，樂其道之得助，因憑藉儒書以談老釋者；對同己則共證心宗，對異己則寄託其說於六經、孔、孟，曰：「吾所得者，聖人之微言奥義。」而交錯旁午，屢變益工，渾然無罅漏。孔子曰：「道不同，不相爲謀。」言徒紛然辭費，不能奪其道之成者也。足下之道成矣，欲見僕所爲原善。僕聞足下之爲人，心敬之，願得交者十餘年於今。雖原善所指，加以孟子字義疏證，反覆辯論，咸與足下之道截然殊致，叩之則不敢不出。今賜書有引爲同，有別爲異；在僕乃謂盡異，無豪髮之同。

昔程子、張子、朱子，其始也，亦如足下今所從事。程叔子撰明道先生行狀曰：「自十五六時，聞周茂叔論道，慨然有求道之志，泛濫於諸家，出入於老釋者幾十年，返求諸六經，而後得之。」呂與叔撰橫渠先生行狀曰：「范文正公勸讀中庸，先生讀其書，雖愛之，猶以爲未足，又訪諸釋老之書，累年，盡究其說，知無所得，返而求之六經。」知無所得者，陋之，非不知之也。朱子慕禪學，在十五六時；年二十四，見李愿中，愿中教以看聖賢言語，而其後十餘年有答何叔京二書：其一曰：「向來妄論持敬之說，亦不自記其云何，但因其良心發見之微，猛省提撕，使心不昧，即是做工夫底本領。本領既立，自然下學而上達矣。若不察良心發見處，卽渺渺茫茫，恐無下手處也。所論多識前言往行，熹向來所見亦是如此。近因返求，未得個安穩處，卻始知此未免支離，曷若默會諸心以立其本，而其言之得失，自不能逃吾之鑒邪！」其一曰：「今年不謂饑歉至此，夏初，所至汹汹，遂爲縣中委以賑糶之役，百方區處，僅得無事。博觀之弊，此理甚明，何疑之有！若使道可以多聞博觀而得，則世之知道者爲不少矣。熹近日因事方少有省發處，如『鳶飛魚躍』，明道以爲與『必有事焉而勿正』之意同者，今乃曉然無疑。日用之間，觀此流行之體，初無間斷處，有下工夫處。此與守書册、泥言語，全無交涉，幸於日間察之，知此則知仁矣。」二書全背愿中，復歸釋氏，反用聖賢言語指其所得於釋氏者。至乾道癸巳，朱子年四十四，門人廖德明錄癸巳所聞云，「先生言：二三年前見得此事尚鶻突，爲他佛說得相似，近年來方看得分曉。」是後，朱子有答汪尚書書云：「熹於釋氏之說，蓋嘗師其人，尊其道，求之亦切至矣，然未能有得。其後以先生君子之教，校乎前後緩急之序，於是暫置其說而從事於吾學。其始蓋未嘗一日不往來於心也，以爲俟卒究吾說而後求之未爲甚晚。而一二年來，心獨有所自安，雖未能卽有諸己，然欲復求之外學以遂其初心，不可得矣。」

程朱雖皆先入於釋氏，而卒能覺寤其非。程子曰：「吾儒本天，異端本心。」朱子曰：「吾儒以理爲不生不滅，釋氏以神識爲不生不滅。」僕於孟子字義疏證辯其視理也，與老釋之視心、視神識，雖指歸各異，而僅僅就彼之言轉之，猶失孔孟之所謂理，所謂義。朱子稱「爲他佛說得相似」者，彼之心宗，不特指歸與此異也，亦絕不可言似。程朱先從事於彼，孰知彼之指歸；旣而求之此，見此之指歸與彼異矣，而不得其本，因推而本之天。夫人物，何者非本之天乎，豈得謂心必與天隔乎！彼可起而爭者也。苟聞乎此，雖愚必明，雖柔必強；擴而充之，何一非務盡其心以能盡道！苟自以爲是而不可與入堯舜之道，雖言理、言知、言學，皆似而非，適以亂德。

在程朱先入於彼，徒就彼之說轉而之此，是以又可轉而之彼，合天與心爲一，合理與神識爲一；而我之言，彼皆得援而借之，爲彼樹之助。以此解經，而六經、孔、孟之書，彼皆得因程朱之解，援而借之爲彼所依附。譬猶子孫未覩其祖父之貌者，誤圖他人之貌爲其貌而事之，所事固己之祖父也，貌則非矣；實得而貌不得，亦何傷！然他人則持其祖父之貌以冒吾宗，而實誘吾族以化爲彼族，此僕所由不得已而有疏證之作也。破圖貌之誤，以正吾宗而保吾族，痛吾宗之久墜，吾族之久散爲他族，敢少假借哉！

宋儒僅改其指神識者以指理，而餘無所改；其解孔孟之言，體狀復與彼相似。如大學章句於「在明明德」，中庸章句於「不顯維德」，尤渾合幾不可分。足下遂援「上天之載，無聲無臭」，爲心宗之大源；於朱儒之雜用老氏尙「無欲」，及莊周書言「復其初」者，而申之曰：「無欲，誠也；湯武反之，『復其初』之謂也。」僕愛大戴禮記「分於道謂之命」一語，道，卽陰陽氣化，故可言分；惟分也，故成性不同；而易稱「一陰一陽之謂道」，中庸稱「天命之謂性」，孟子辨別「犬之性」「牛之性」「人之性」之不同，豁然貫通。而足下舉「維天之命，於穆不已」，以爲不得而分。此非語言之能空論也，宜還而體會六經、孔、孟之書本文云何。詩曰「予懷明德」，對「不大聲以色」而言；大學之「明明德」，以「明德」對「民」而言；皆德行行事，人咸仰見，如日月之懸象著明，故稱之曰「明德」。倘一事差失，則有一事之掩虧。其由近而遠，積盛所被，顯明不已，故曰「明明德」，曰「明明德於天下」。詩之「不顯」「不承」，卽書之「丕顯」「丕承」，古字「丕」通用「不」，大也。中庸言「聲名洋溢乎中國」；其言「闇然」也，與「日章」並言，何必不欲大顯，而以幽深玄遠爲至！夫晝日當空，何嘗有聲臭以令人知？而疇不知之，不可引「上天之載無聲臭」以言其至乎！「上天之載」二語，在詩承「駿命不易」言，鄭箋云：「天之道難知也，耳不聞聲音，鼻不聞香臭；儀法文王之事，則天下咸信而順之。」在中庸承「化民之德」言，不假聲臭以與民接也。談老釋者，有取於「虛靈不昧」，「人欲所蔽」，「本體之明」，「幽深玄遠」，「至德淵微」，「不顯之妙」等語與其心宗相似，不惟大學中庸本文差以千里，卽朱子所云，雖失大學中庸之解，而其指歸究殊。

又，詩書中凡言天命，皆以「王者受命於天」爲言；天之命王者不已，由王者仁天下不已。中庸引「維天之命，於穆不已，於乎不顯，文王之德之純。」其取義也，主於不已，以見至誠無息之配天地。「於穆」者，美天之命有德深遠也；譬君之於賢臣，一再錫命，惓惓不已，美君之能任賢者，豈不可歎其深遠。引之者豈不可曰：「此君之所以爲君也。」凡命之爲言，如命之東則不得而西，皆有數以限之，非受命者所得踰。試以君命言之，有小賢而居上位，有大賢而居下位，各受君命以居其位，此命數之得稱曰君命也；君告誡之，使恭其事，而夙夜兢惕，務盡職焉，此敎命之得稱曰君命也。命數之命，限於受命之初，而尊卑遂定；敎命之命，其所得爲視其所能，可以造乎其極；然盡職而已，則同屬命之限之。命之盡職，不敢不盡職，如命之東，不敢不赴東；論氣數，論理義，命皆爲限制之名。

譬天地於大樹，有華、有實、有葉之不同，而華、實、葉皆分於樹；形之鉅細，色臭之濃淡，味之厚薄，又華與華不同，實與實不同，葉與葉不同；一言乎分，則各限於所分。取水於川，盈罍、盈瓶、盈缶，凝而成冰，其大如罍、如瓶、如缶，或不盈而各如其淺深；水雖取諸一川，隨時與地，味殊，而淸濁亦異，由分於川，則各限於所分。人之得於天也，雖亦限於所分，而人人能全乎天德。以一身譬之，有心，有耳目鼻口手足，鬚眉毛髮，惟心統其全，其餘各有一德焉，故記曰，「人者，天地之心也。」瞽者，心不能代目而視，聾者，心不能代耳而聽，是心亦限於所分也；飲食之化爲營衞，爲肌髓，形可並而一也。形可益形，氣可益氣，精氣附益，神明自倍；散之還天地，萃之成人物；與天地通者生，與天地隔者死。以植物言，葉受風日雨露以通天氣，根接土壤肥沃以通地氣；以動物言，呼吸通天氣，飲食通地氣；人物於天地，猶然合如一體也。體有貴賤，有小大，無非限於所分也。

心者，氣通而神；耳目鼻口者，氣融而靈。曾子曰：「陽之精氣曰神，陰之精氣曰靈；神靈者，品物之本也。」易曰：「精氣爲物，游魂爲變，是故知鬼神之情狀。」「精氣爲物」者，氣之精而凝，品物流形之常也；「遊魂爲變」者，魂之遊而存，其形敝而精氣未遽散也，變則不可窮詰矣。老、莊、釋氏，見於遊魂爲變之一端，而昧其大常；見於精氣之集，而判爲二本。莊周書曰：「一受其成形，不亡以待盡。」釋氏「人死爲鬼，鬼復爲人」之說同此。周又曰：「其形化，其心與之然，可不謂大哀乎！」老氏之「長生久視」，釋氏之「不生不滅」，無非自私，無非哀其滅而已矣，故以無欲成其私。孟子曰：「廣土衆民，君子欲之。」又曰：「欲貴者，人之同心也。」又曰：「魚，我所欲也；熊掌，亦我所欲也；」「生，亦我所欲也；義，亦我所欲也。」在老釋皆無之，而獨私其遊魂，而哀其滅以豫爲之圖。

在宋儒惑於老釋無欲之說，謂「義亦我所欲」爲道心，爲天理，餘皆爲人心，爲人欲。欲者，有生則願遂其生而備其休嘉者也；情者，有親疏、長幼、尊卑感而發於自然者也；理者，盡夫情欲之微而區以別焉，使順而達，各如其分寸豪釐之謂也。欲，不患其不及而患其過。過者，狃於私而忘乎人，其心溺，其行慝，故孟子曰「養心莫善於寡欲」。情之當也，患其不及而亦勿使之過。未當也，不惟患其過而務自省以救其失。欲不流於私則仁，不溺而爲慝則義；情發而中節則和，如是之謂天理；情欲未動，湛然無失，是謂天性；非天性自天性，情欲自情欲，天理自天理也。

足下援程子云：「聖人之常情，順萬事而無情；故君子之學，莫若廓然而大公，物來而順應。」謂無欲在是。請援王文成之言，證足下所宗主，其言曰：「良知之體，皦如明鏡，姸媸之來，隨物見形，而明鏡曾無留染，所謂『情順萬事而無情』也。『無所住(以)〔而〕生其心』，佛氏曾有是言。明鏡之應，姸者姸，媸者媸，一照而皆眞，卽是『生其心』處；姸者姸，媸者媸，一過而不留，卽是『無所住』處。」程子說聖人，陽明說佛氏，故足下援程子不援陽明，而宗旨則陽明尤親切。陽明嘗倒亂朱子年譜，謂朱陸先異後同。陸王，主老釋者也；程朱，闢老釋者也。今足下主老、釋、陸、王，而合孔、孟、程、朱與之爲一，無論孔孟不可誣，程朱亦不可誣。抑又變老釋之貌爲孔、孟、程、朱之貌，恐老釋亦以爲誣己而不願。

老氏曰：「唯之與阿，相去幾何；善之與惡，相去何若？」告子曰：「性無善無不善也。」「義，外也，非內也。」釋者曰：「不思善，不思惡，時認本來面目。」陸子靜曰：「惡能害心，善亦能害心。」王文成曰：「無善無惡，心之體。」凡此，皆不貴善也。何爲不貴善？貴其所私而哀其滅，雖逐於善，亦害之也。今足下言之，則語益加密，曰：「形有生滅；神無方也，妙萬物也，不可言生滅。」又曰：「無來去，無內外。」引程子「天人本無二，不必言合」，證明全體，因名之曰「無聲無臭之本」；謂之爲「天命之不已」，而以「至誠無息」加之；謂之爲「天道之日新」，而以「止於至善」加之。請援王文成之言證足下所宗主。其言曰：「夫良知一也，以其妙用而言，謂之神；以其流行而言，謂之氣。」又曰：「『本來面目』，卽吾聖門所謂『良知』；隨物而格，是致知之功。佛氏之『常惺惺』，亦是常存他『本來面目』耳，體段功夫，大略相似。」陽明主扞禦外物爲格物，隨物而格，所謂遏人欲也。「常惺惺」，朱子以是言存天理，以是解中庸「戒愼恐懼」，實失中庸之指。陽明得而借中庸之言以寄託「本來面目」之說，曰：「養德養身，止是一事；果能『戒愼不睹，恐懼不聞』，而專志於是，則神住，氣住，精住，而仙家所謂『長生久視』之說亦在其中矣。」莊子所謂「復其初」，釋氏所謂「本來面目」，陽明所謂「良知之體」，不過守己自足；既自足，必自大，其去中庸「擇善固執」，「博學、審問、愼思、明辨、篤行」，何啻千萬里！孟子曰：「反身而誠，樂莫大焉。」曰：「反身不誠，不悅於親矣。」中庸孟子皆曰：「不明乎善，不誠乎身矣。」今舍明善而以無欲爲誠，謬也。證心宗者，未嘗不可以「認本來面目」爲「明乎善」，此求伸其說，何所不可！老子告子視善爲不屑爲，猶能識善字；後之宗之者，並善字假爲己有，實並善字不識。此事在今日，不惟彼所謂道德非吾所謂道德，舉凡性與天道，聖智、仁義、誠明，以及曰善，曰命，曰理，曰知，曰行，無非假其名而易其實。「反身不誠」，言事親之道未盡也；「反身而誠」，言備責於身者無不盡道也。孟子曰：「堯舜，性之也；湯武，身之也；五霸，假之也。久假而不歸，惡知其非有也！」性之，由仁義行也；身之，仁義實於身也；假之，假仁義之名以號召天下者，久則徒知以仁義責人，而忘己之非有。又曰：「堯舜，性者也；湯武，反之也。」下言「動容周旋中禮者，盛德之至也」，申明性者如是。言「哭死而哀，非爲生者也；經德不回，非以干祿也；言語必信，非以正行也；君子行法以俟命而已矣」。皆申明「反之」謂無所爲而爲，乃反而實之身；若論「復其初」，何用言「非爲生者」，「非以干祿」，「非以正行」，而且終之曰「俟命」！其爲「反身」甚明，各覈本文，悉難假借。

足下所主者，老、莊、佛、陸、王之道；而所稱引，盡六經、孔、孟、程、朱之言。誠愛其實乎？則其實遠於此。如誤以老、莊、佛、陸、王之實爲其實，則彼之言，親切著明，而此費遷就傅合，何不示以親切著明者也！誠借其名乎？則田王孫之門，猶有梁丘賀在。況足下閱朱子答何叔京二書，必默然之，及程朱闢老釋，必不然之；而至於借助，則引程朱爲同乎己。然則所取者，程朱初惑於釋氏時之言也。所借以助己者，或其前之言，或其後之似者也。所愛者，釋氏之實也。愛其實而棄其名，借其名而陰易其實，皆於誠有虧。足下所云「學問之道，莫切於審善惡之幾，嚴誠僞之辨」，請從此始！倘亦如程朱之用心，期於求是，不雜以私，則今日同乎程朱之初，異日所見，或知程朱之指歸與老、釋、陸、王異。

然僕之私心期望於足下，猶不在此。程朱以理爲「如有物焉，得於天而具於心」，啓天下後世人人憑在己之意見而執之曰理，以禍斯民；更淆以無欲之說，於得理益遠，於執其意見益堅，而禍斯民益烈。豈理禍斯民哉？不自知爲意見也。離人情而求諸心之所具，安得不以心之意見當之！則依然本心者之所爲。拘牽之儒，不自知名異而實不異，猶貿貿爭彼此於名而輒蹈其實；敏悟之士，覺彼此之實無異；雖指之曰「沖漠無朕」，究不得其仿彿，不若轉而從彼之確有其物，因卽取此以賅之於彼。嗚呼，誤圖他人之貌者，未有不化爲他人之實者也！誠虛心體察六經、孔、孟之言，至確然有進，不惟其實與老釋絕遠，卽貌亦絕遠，不能假託；其能假託者，後儒失之者也；是私心所期於足下之求之耳。

日間因公私紛然，於來書未得從容具論；大本苟得，自然條分理解。意言難盡，涉及一二，草草不次。南旋定於何日？十餘年願交之忱，得見又不獲暢鄙懷。伏惟自愛。震頓首。

附　彭紹升與戴東原書

承示原善及孟子字義疏證二書，其於「烝民」「物則」「形色」「天性」之旨，一眼注定，傍推曲鬯，宣洩無餘；其文之切深奧衍，確然戴記之遺；漢唐諸儒言義理者，未之或先也。紹升憒於學問，於從入之塗，不能無異，要其同然之理，卽欲妄生分辨，安可得邪！顧亦有一二大端，不安於心者，敢質其說於左右：

竊謂學問之道，莫切於審善惡之幾，嚴誠僞之辨。善惡之幾審，則能日進於善而終止於至善。至善者，一天道之日新而已矣。誠僞之辨嚴，則能日進於誠而終於至誠無息。至誠者，一天命之不已而已矣。天命不外乎人心，天道不外乎人事；是故離人而言天，不可也，是二書之所極論也。其或外徇於形名，內錮於意見，分別追求，役役焉執筌蹏爲至道，而日遠乎無聲無臭之本然，不知天，其何以知人！是故外天而言人，不可也。程伯子云：「天人本無二，不必言合。」一語之下，全體洞然，殆二書所未及察也。原善之言天命也，引記云「分於道謂之命」，解之曰「限於所分曰命」，此恐不足盡中庸天命之義。中庸之言天命也，言「上天之載」而已，此上不容有加；若有加，何以云「至」？「維天之命，於穆不已」，天之所以爲天，無去來，亦無內外；人之性於命也亦然。昭昭之天，即無窮之天，孰得而分之？命有自分，即性有所限，其可率之以爲道邪？率有限之性以爲道，遂能「位天地，育萬物」邪？此其可質者一也。

「虛寂」之文，見於大易。咸之象曰：「君子以虛受人。」大傳曰：「寂然不動，感而遂通天下之故。」不虛則不能受，不寂則不能通；「清明在躬，氣志如神」，虛寂之謂也。今謂「犬之性，牛之性，當其氣無乖亂，莫不沖虛自然」，則亦言之易矣。人於無事時，非有定力，不入於昏，則流於散，而況犬牛乎！又曰：「老莊尙無欲，君子尙無蔽。」似亦未盡。無欲則誠，誠則明；無蔽則明，明則誠；未有誠而不明，明而不誠者也。其謂「君子之欲也，使一於道義」，夫一於道義，則無欲矣。程伯子云：「天地之常，心普萬物而無心；聖人之常，情順萬事而無情；故君子之學，莫若廓然而大公，物來而順應。」無欲之旨，蓋在於是，固非必杜耳目，絕心慮而後乃爲無欲也。此其可質者又一也。

疏證以朱子「復其初」之云本莊周書而訾之，以爲「德性資於學問，進而聖智，非復其初明矣」，是謂德性不足以盡道，必以學問加之，則德性亦不足尊矣。夫學問非有加於德性也，蘄有以盡乎其量而已；盡乎其量，則聖智矣，故曰「堯舜，性之也；湯武，反之也」。「性之」者，明其無所加也；「反之」者，復其初之謂也。又以老、莊、釋氏之自貴其神，而轉以訾夫張朱二子：「夫神之爲言，不始於老、莊、釋氏。易大傳曰：「神无方而易无體。」又曰：「神也者，妙萬物而爲言者也。」何謂邪？謂不當以神與形爲二本，二之，非也，將先形而後神，而不知神之無可先也。此其可質者又一也。

合觀二書之旨，所痛攻力闢者，尤在「以理爲如有物焉，得於天而具於心」，謂涉於二氏。先儒語病則不無；然外心以求理，陽明王子已明斥其非矣。將欲避「眞宰」「眞空」之說，謂「離物無則，離形色無天性」，以之破執可也，據爲定論，則實有未盡。以鄙意言之，離則無物，離天性無形色。何也？物譬之方員，則譬之規矩，未有舍規矩而爲方員者也；舍規矩而爲方員，則無方員矣。形色譬之波，性譬之水，未有舍水而求波者也；舍水而求波，則無波矣。於此欠分明，則於易所謂「神」，詩所謂「上天之載」，皆將遷就以傅吾之說，而先聖之微言滋益晦。其究也，使人逐物而遺則，徇形色，薄天性，其害不細；更望精思而詳說之，幸甚。不宜。

與某書

足下制義，直造古人，冠絕一時。夫文無古今之異，聞道之君子，其見於言也，皆足以羽翼經傳，此存乎識趣者也；而詞不純樸高古亦不貴，此存乎行文之氣體格律者也；因題成文，如造化之生物，官骸畢具，根葉並茂，少闕則非完物，此存乎冶鑄之法者也。精心於制義一事，又不若精心於一經，其功力同也，未有能此而不能彼者。

治經先考字義，次通文理，志存聞道，必空所依傍。漢儒故訓有師承，亦有時傅會；晉人傅會鑿空益多；宋人則恃胸臆爲斷，故其襲取者多謬，而不謬者在其所棄。我輩讀書，原非與後儒競立說，宜平心體會經文，有一字非其的解，則於所言之意必差，而道從此失。學以牖吾心知，猶飲食以養吾血氣，雖愚必明，雖柔必強。可知學不足以益吾之智勇，非自得之學也，猶飲食不足以增長吾血氣，食而不化者也。君子或出或處，可以不見用，用必措天下於治安。宋以來儒者，以己之見硬坐爲古賢聖立言之意，而語言文字實未之知；其於天下之事也，以己所謂理強斷行之，而事情原委隱曲實未能得，是以大道失而行事乖。孟子曰：「生於其心，害於其政；發於其政，害於其事。」以自爲於心無愧而天下受其咎，其誰之咎？不知者且以躬行實踐之儒歸焉不疑。夫躬行實踐，勸善懲惡，釋氏之教亦爾也，君子何以必闢之？孟子闢楊墨，退之闢釋老，當其時，孔墨並稱，尊楊墨，尊釋老者或曰：「是聖人也，是正道也。吾所尊而守者，躬行實踐，勸善懲惡，救人心，贊治化，天下尊之，帝王尊之之人也。」然則君子何以闢之哉？愚人睹其功不知其害，君子深知其害故也。

烏呼，今之人其亦弗思矣！聖人之道，使天下無不達之情，求遂其欲而天下治。後儒不知情之至於纖微無憾是謂理，而其所謂理者，同於酷吏之所謂法。酷吏以法殺人，後儒以理殺人，浸浸乎舍法而論理，死矣，更無可救矣！聖賢之道德，卽其行事，釋老乃別有其心所獨得之道德；聖賢之理義，卽事情之至是無憾，後儒乃別有一物焉與生俱生而制夫事。古人之學在行事，在通民之欲，體民之情，故學成而民賴以生；後儒冥心求理，其繩以理嚴於商韓之法，故學成而民情不知。天下自此多迂儒，及其責民也，民莫能辯，彼方自以爲理得，而天下受其害者衆也！

法象論 有序

易曰：「法象莫大乎天地。」又曰：「成象之謂乾，效法之謂坤。」又曰：「仰則觀象於天，俯則觀法於地。」夫道無遠邇，能以盡於人倫者反身求之，則靡不盡也。作論以詒好學治經者。

觀象於天，觀法於地，三極之道，參之者人也。天垂日月，地竅於山川，人之倫類肇自男女夫婦。是故陰陽發見，天成其象，日月以精分；地成其形，山川以勢會。日月者，成象之男女也；山川者，成形之男女也；陰陽者，氣化之男女也；言陰陽於一人之身，血氣之男女也。魂魄之合，宜乎動靜，精能之至也。魄之謂靈，魂之謂神。靈也者明聰，神也者慧聖；明聰慧聖，天德矣。立於一曰道，成而兩曰陰陽，名其合曰男女，著其分曰天地，效其能曰鬼神。天地之道，動靜也，清濁也，氣形也，明幽也，外內上下尊卑之紀也，明者施而幽者化也。地在天中，德承天，是以配天。凡天之文，地之義，人之紀，分則得其專，合則得其和。分也者，道之條理也；合也者，道之統會也。條理明，統會舉，而貴賤位矣；貴者君之，賤者臣之，而治化出矣；徵之於臣道妻道無失，知其君道立矣。是故列星之垣衛，拱所尊也，謂之天官，示於上，應於下也。日行中道，月五星各由其道而宗之，各爲遲疾而會歸之。故日者，君之象也。月嚮日而生明，其精感常合，氣物常分，化則爲燥溼，爲水火。日月者，水火之精；燥濕者，陰陽之交；山川者，燥溼之位。水以合而盛，火以分而盛；木火之德分也，金水之德合也。地之高者，山原丘陵本乎燥；其下者，川隰谿谷本乎溼。氣分則生燥，氣合則生溼，氣輸則生變，氣精則生神，神盛則無失道。山有分無合，川有合無分，燥溼水火之義也。山川之情，其初皆分，其究皆合，君臣夫婦之道也。人中處天地之間，相親而久。治道莫大於君臣，徒愛人不知治人者，不能以行於父子夫婦兄弟，故君道得，人紀所由得也。一人之身，血氣和則夫婦；心得其正，百體從令則君臣。故心也者，含天德，君百體者也；氣者，有君道以能統乎血〔氣〕者也。盈天地之間，道，其體也；陰陽，其徒也；日月星，其運行而寒暑晝夜也；山川原隰，丘陵谿谷，其相得而終始也。生生者，化之原；生生而條理者，化之流。分者其進，合者其止；進者其生，止者其息。生者動而應求，立乎至博；息者靜而自正，立乎至約。博，故與爲條理也；約，故與爲統會也。草木之根榦枝葉花實謂之生，果實之白全其生之性謂之息。君子之學也如生，存其心以合天地之心如息；爲息爲生，天地所以成化也。是故生生者仁，條理者禮，斷決者義，藏主者智，智通仁發而秉中和謂之聖；聖合天，是謂無妄。無妄之於百物生生，至貴者仁。是故仁得則父子親，禮得則親疏上下之分盡，義得則百事正，藏於智則天地萬物爲量，歸於無妄則聖人之事。天所以成象，地所以成形，聖人所以立極，一也，道之至也。

原善上

善：曰仁，曰禮，曰義，斯三者，天下之大本也。顯之爲天[之]明謂之命，實之爲化之順謂之道，循之而分治有常謂之理。命，言乎天地之中昭明以信也；道，言乎化之不已也；理，言乎其詳至也；善，言乎無淆雜也；性，言乎本於天，徵爲事能也。言乎其同謂之善，言乎其異謂之材，因材而善之謂之教。材以類殊則性殊，人之材不侔也，而相肖以類，故性亦相近。得化育之正以爲形氣而秀發於神，材也，善則其中正無邪也。材一於善，不貳其德也，智仁勇是也。血氣心知之性，人皆有之，非二本然也；分而言之，懼夫人之與天地日以隔也。血氣心知之性主乎材，天之性全乎善。主乎材者成於化，全乎善者通於命。成於化者道，通於命者德。心之恭見於貌，心之從見於言，心之明見於視，心之聰見於聽，心之睿見於思，此之謂能盡其材。名其無妄謂之誠，名其不渝謂之信。言乎順之謂道，言乎信之謂德，行於人倫庶物之謂道，侔於天地化育之謂誠，如聽於所制者然之謂命。案以下皆見法象論，較此爲簡絜，姑並存之。是故生生者，化之原；生生而條理者，化之流。動而輸者，立天下之博；靜而藏者，立天下之約。博者其生，約者其息；生者動而時出，息者靜而自正。至動而條理也，至靜而有本也。卉木之株葉華實謂之生，果實之白全其生之性謂之息。君子之於問學也如生，存其心湛然合天地之心如息。人道舉配乎生，性配乎息。生則有息，息則有生，天地所以成化也。生生者，仁乎！生生而條理者，禮與義乎！何謂禮？條理之秩然有序，其著也；何謂義？條理之截然不可亂，其著也。得乎生生者謂之仁，得乎條理者謂之智。至仁必易，大智必簡，仁智而道義出於斯矣。是故生生者仁，條理者禮，斷決者義，藏主者智，仁智中和曰聖人；聖合天，是謂無妄。無妄之於百物生生，至貴者仁。仁得則父子親，禮得則親疏上下之分盡，義得則百事正，藏於智則天地萬物爲量，歸於無妄則聖人之事。

原善中

物之離於生者，形存而氣與天地隔也。卉木之生，接時能芒達已矣；飛走蠕動之儔，有覺以懷其生矣；人之神明出於心，中正無邪，其明德與天地合矣。由天道以有人物，五行陰陽，生殺異用，情變殊致。是故人物生生本五行陰陽，徵爲形色，其得之也，偏全厚薄，勝負雜糅，能否精粗，清濁昏明，煩煩魂魂，氣衍類滋，廣博襲僢，閎鉅瑣微，形以是形，色以是色，性以是性，咸分於道；以順則煦以治，以逆則毒。性至不同，各如其材。人之材，得天地之全能，通天地之全德。從生而官器利用以御，橫生去其畏，不暴其使。智足知飛走蠕動之性，以馴以豢，知卉木之性，〔以生以息〕；良農〔任〕以蒔刈，良醫任以處方。聖人治天下之民，民莫不育於仁，莫不條貫於禮與義。是故氣不與天地隔者生，道不與天地隔者聖，形強者堅，氣強者力，神強者巧，知德者智。氣之失暴，神之失鑿，惑於德愚。是故一人之身，形得其養，不若氣得其養；氣得其養，不若神得其養；君子理順心泰，霈然性得其養。人有天德之知，有耳目百體之欲，皆生而見乎材者也，天也，是故謂之性。耳知聲也，目知色也，鼻知臭也，口知味也，與夫天德之根於心也，成性然也。天德之知，人之秉節於內以與天地化育侔者也；耳目百體之欲，所受中而不可踰也。是故義配明，象天；欲配幽，法地。五聲五色，五臭五味，天地之正也。喜怒哀樂，愛隱感念，慍懆怨憤，恐悸慮嘆，飲食男女，鬱悠慼咨，慘舒好惡之情，胥天命，是故謂之道。天地之化，效其能曰鬼神；其生生也(物)〔殊〕其用曰魂魄。魂以明而從天，魄以幽而從地；魂官乎動，魄官乎靜，精能之至也。官乎動者，其用也施；官乎靜者，其用也受。天之道施，地之道受；施，故徧物也；受，故不有也。魄之謂靈，魂之謂神；靈也者明聰，神也者睿聖；明聰睿聖，天德矣。心之精爽以知，知明聰睿聖，則神明一於中正，事至而心應之者，胥事至而以道義應，天德之知也。是故人也者，天地至盛之徵也，惟聖人然後盡其盛。天地之德，可以一言盡也，仁而已矣；人之心，其亦可以一言盡也，仁而已矣。耳目百體之欲喻於心，不可以是謂心之所喻也，心之所喻則仁也；心之仁，耳目百體莫不喻，則自心至於耳目百體胥仁也。心得其常，於其有覺，君子以觀仁焉；耳目百體得其順，於其有欲，君子以觀仁焉。

原善下

人之不盡其材，患二：曰私，曰蔽。私也者，其生於心爲溺，發於政爲黨，成於行爲慝，見於事爲悖，爲欺，其究爲私己。蔽也者，其生於心爲惑，發於政爲偏，成於行爲謬，見於事爲鑿，爲愚，其究爲蔽己。鑿者，其失爲誣；愚者，其失爲固；誣而罔省，施之事亦爲固。悖者，在事爲寇虐，在心爲不畏天明；欺者，在事爲詭隨，在心爲無良。私之在下愚也爲自暴，蔽之在下愚也爲自棄；自暴自棄，夫然後難與言善，是以卒之爲不善，非材之罪也。去私莫如強恕，解蔽莫如學，得所主莫大乎忠信，得(而)〔所〕止莫大乎明善。是故謂之天德者三：曰仁，曰禮，曰義，至善之目也，行之所節中也。其於人倫庶物，主一則兼乎三，一或闕焉，非至善也。謂之達德者三：曰智，曰仁，曰勇；所以力於德行者三：曰忠，曰信，曰恕。竭所能之謂忠，履所明之謂信，平所施之謂恕。忠則可進之以仁，信則可進之以義，恕則可進之以禮。仁者，德行之本，體萬物而天下共親其忠；義者，人事之宜，裁萬類而天下共覩其信；禮者，天則之所正，行於人倫庶物，分無不盡，而天下共安其恕。忠恕則不私而近於仁，忠信則不欺而近於誠。忠近於易，恕近於簡；信以不欺近於易，信以不渝近於簡。忠不欺於心近乎仁，信不渝於事近乎智；恕以推行近乎仁，恕以度物近乎智；斯三者所以成德行近乎勇。不惑於心，不疑於德行，夫然後樂循理。樂循理者，不蔽不私者也。得乎生生者仁，反於是而害仁之謂私；得乎條理者智，隔於是而病智之謂蔽。巧與鑿以爲智者，謂施諸行不謬矣，是以道不行；善人者不踐迹，謂見於仁厚忠信爲既知矣，是以道不明。故君子克己之爲貴也，獨而不咸之謂己。以己蔽之者隔於善，隔於善，隔於天下矣；無隔於善者，仁至，義盡，知天。是故一物有其條理，一行有其至當，徵之古訓，協於時中，充然明諸心而後得所止。君子獨居思仁，公言言義，動止應禮。達禮，義無弗精也；精義，仁無弗至也；至仁盡倫，聖人也。易簡至善，聖人所欲與天下百世同之也。

讀易繫辭論性

易曰：「一陰一陽之謂道，繼之者善也，成之者性也。」一陰一陽，蓋言天地之化不已也，道也。一陰一陽，其生生乎，其生生而條理乎！以是見天地之順，故曰「一陰一陽之謂道」。生生，仁也，未有生生而不條理者。條理之秩然，禮至著也；條理之截然，義至著也；以是見天地之常。三者咸得，天下之至善也，人物之常也；故曰「繼之者善也」，言乎人物之生，其善則與天地繼承不隔者也。有天地，然後有人物；有人物，於是有人物之性。人與物同有欲，欲也者，性之事也；人與物同有覺，覺也者，性之能也。事能無有失，則協於天地之德，協於天地之德，理至正也。理也者，性之德也。言乎自然之謂順，言乎必然之謂常，言乎本然之謂德。天下之道盡於順，天下之教一於常，天下之性同之於德。性之事配五行陰陽，性之能配鬼神，性之德配天地之德。所謂血氣心知之性，發於事能者是也；所謂天之性者，事能之無有失是也；爲夫不知德者別言之也。人與物同有欲，而得之以生也各殊；人與物同有覺，而喻大者大，喻小者小也各殊；人與物之中正同協於天地之德，而存乎其得之以生，存乎喻大喻小之明昧也各殊；此之謂本五行陰陽以成性，故曰「成之者性也」。善，以言乎天下之大共也；性，言乎成於人人之舉凡自爲。性，其本也。所謂善，無他焉，天地之化，性之事能，可以知善矣。君子之教也，以天下之大共正人之所自爲，性之事能，合之則中正，違之則邪僻，以天地之常，俾人咸知由其常也。明乎天地之順者，可與語道；察乎天地之常者，可與語善；通乎天地之德者，可與語性。

讀孟子論性

孟子曰：「心之所同然者何也？謂理也，義也。聖人先得我心之所同然耳。」當孟子時，天下不知理義之爲性，害道之言紛出以亂先王之法，是以孟子起而明之。人物之生，類至殊也；類也者，性之大別也。孟子曰：「凡同類者舉相似也，何獨至於人而疑之！聖人與我同類者。」詰告子「生之謂性」，則曰：「犬之性猶牛之性，牛之性猶人之性歟？」蓋孟子道性善，非言性於同也；人之性相近，胥善也。明理義之爲性，所以正不知理義之爲性者也；是故理義，性也。由孟子而後，求其說而不得，則舉性之名而曰理義也，是又不可。古人言性，不離乎材質而不遺理義。耳之於聲也，天下之聲，耳若其符節也；目之於色也，天下之色，目若其符節也；鼻之於臭也，天下之臭，鼻若其符節也；口之於味也，天下之味，口若其符節也；耳目鼻口之官，接於物而心通其則，心之於理義也，天下之理義，心若其符節也；是皆不可謂之外也，性也。耳能辨天下之聲，目能辨天下之色，鼻能辨天下之臭，口能辨天下之味，心能通天下之理義，人之材質得於天，若是其全也。孟子曰「非天之降材爾殊」，曰「乃若其情，則可以爲善矣，乃所謂善也；若夫爲不善，非才之罪也」。惟不離材質以爲言，始確然可以斷人之性善。人本五行陰陽以成性，形色其表也；故孟子曰：「形色，天性也；惟聖人然後可以踐形。」人之於聖人也，其材非如物之與人異。物不足以知天地之中正，是故無節於內，各遂其自然，斯已矣。人有天德之知，能踐乎中正，其自然則協天地之順，其必然則協天地之常，莫非自然也，物之自然不足語於此。孟子道性善，察乎人之材質所自然，有節於內之謂善也；告子謂「性無善無不善」，不辨人之大遠乎物，概之以自然也。告子所謂「無善無不善」也者，靜而自然，其神沖虛，以是爲至道；及其動而之善之不善，咸目爲失於至道，故其言曰「生之謂性」；及孟子詰之，非豁然於孟子之言而後語塞也，亦窮於人與物之靈蠢殊絕，犬牛類又相絕，遂不得漫以爲同耳。遺理義而主材質，荀子告子是也。荀子以血氣心知之性，必教之理義，逆而變之，故謂「性惡」，而進其勸學脩身之說。告子以上焉者無欲而靜，全其無善無不善，是爲至矣；下焉者，理義以梏之，使不爲不善。荀子二理義於性之事能，儒者之未聞道也；告子貴性而外理義，異說之害道者也。

凡遠乎易、論語、孟子之書者，性之說大致有三：以耳目百體之欲爲說，謂理義從而治之者也；以心之有覺爲說，謂其神獨先，沖虛自然，理欲皆後也；以理爲說，謂有欲有覺，人之私也。三者之於性也，非其所去，貴其所取。彼自貴其神，以爲先形而立者，是不見於精氣爲物，秀發乎神也；惡斂束於理義，是不見於理義者本然之德，去其本然而苟語自然也；以欲爲亂其靜者，不見於性之欲，其本然中正，動靜胥得，神自寧也。自孟子時，以欲爲說，以覺爲說，紛如矣；孟子正其外理義而已矣。心得其常，耳目百體得其順，中正無邪，如是之謂理義。自心至於耳目百體，形氣本於天，故其爲德也類；專以性屬之理，而謂壞於形氣，是不見於理之所由名也。以有欲有覺爲私者，荀子之所謂性惡在是也；是見於失其中正之爲私，不見於得其中正。且以驗形氣本於天，備五行陰陽之全德，非私也，孟子之所謂性善也。人之材質良，其本然之德違焉而後不善，孟子謂之「放其良心」，謂之「失其本心」。雖放失之餘，形氣本於天，備五行陰陽之全德者，如物之幾死猶可以復蘇，故孟子曰：「其日夜之所息，平旦之氣，其好惡與人相近也者幾希。」以好惡見於氣之少息猶然，是以君子不罪其形氣也。

與段若膺論理書丁酉正月十四日

僕自十七歲時，有志聞道，謂非求之六經、孔、孟不得，非從事於字義、制度、名物，無由以通其語言。宋儒譏訓詁之學，輕語言文字，是欲渡江而棄舟楫，欲登高而無階梯也。爲之卅餘年，灼然知古今治亂之源在是。孟子闢楊、墨曰：「率獸食人，人將相食」，詰告子曰：「率天下之人而禍仁義」，兩稱「聖人復起，不易吾言」，皆承「生於其心，害於事，害於政」。夫仁義何以禍斯民？觀近儒之言理，吾不知斯民之受其禍之所終極矣！

古人曰「理解」者，即尋其腠理而析之也。曰「天理」者，如莊周言「依乎天理」，即所謂「彼節者有閒」也。子貢問「有一言而可以終身行之者」，子曰：「其恕乎！己所不欲，勿施於人。」大學絜矩之道，不過「所惡於上，毋以使下」云云。曰「所不欲」，曰「所惡」，指人之常情不堪受者耳。以己絜之人，則理明。孟子對齊王好貨、好色曰：「與百姓同之」，非權辭也。好貨、好色，欲也；與百姓同之，即理也。

後儒以理欲相對，寔雜老氏無欲之說。其視理欲也，僅僅爲邪正之別；其言「存理」也，又僅僅爲敬肆之別。不知必敬必正，而理猶未得。其言「人欲所蔽」，僅僅以爲無欲則無蔽。不知欲也者，相生養之道也。能視人猶己則忠，以己推之則恕，憂樂於人則仁，出於正不出於邪則義，恭敬不侮慢則禮，無差謬則智。曰忠恕，曰仁義禮智，豈有他哉？在常人爲欲，在君子皆成懿德。夫去欲而後一於理，是古賢人聖人體民之情、遂民之欲，皆非也。

況欲之失，爲私不爲蔽。自以爲得理，而所執之理寔謬，乃蔽而不明。聖人而下，罕能無蔽，有蔽之深者，有蔽之淺者。自謂蔽而不明者有幾？問其人曰：「聖矣乎？」必不敢任；而譏其失「理」，必怒於心。是盡人不知己蔽也。昔人異於今人。一啟口而曰「理」，似今人勝昔人，吾謂昔人之勝今人正在此。蓋昔人斥之爲意見，今人以不出於私即謂之「理」。由是以意見殺人，咸自信爲「理」矣！聊舉一字言之，關乎德行、行事匪小。

僕自上年三月初獲足疾，至今不能出户，又目力大損。今夏纂脩事似可畢，定於七八月間乞假南旋就醫，覶一書院餬口，不復出矣。竭數年之力，勒成一書，明孔、孟之道，餘力整其從前所訂於字學、經學者。

與段若膺書丁酉四月廿四日

僕足疾已踰一載，不能出户，定於秋初乞假南旋，寔不復出也。擬卜居江寧，俟居定當開明，以便音問相通。吾兄尚未得實地，而素性方正，則難與俗諧。然君子斷乎主於中者，先求不失己，有急退無急進也。

僕生平論述最大者，爲孟子字義疏證一書，此正人心之要。今人無論正邪，盡以意見誤名之曰「理」，而禍斯民，故疏證不得不作。

附録

中庸補注

天命之謂性，率性之謂道，修道之謂教。

鄭注：天命，謂天所命生人者也。是謂性命。木神則仁，金神則義，火神則禮，水神則信，土神則知。孝經説曰：「性者，生之質；命，人所稟受度也。」率，循也。循性行之之謂道。修，治也。治而廣之，人放傚之，是曰教。

補注：生而限於天，是曰天命。凡分形氣於父母，卽爲分於陰陽五行。人與百物各以類滋生，皆氣化之自然。大戴禮記曰：「分於道謂之命，形於一謂之性。」分於道者，分於陰陽五行也。性之大別，各以氣類，而同類之中，又復不齊，故曰「天命之謂性。」有生以後，則有相生養之道，亦如氣化之不可已。經傳中或言天道，或言人道。天道，氣化流行，生生不息是也。人道，以生以養，行之乎君臣、父子、夫婦、昆弟、朋友之交是也。凡人倫日用，無非血氣心知之自然，故曰「率性之謂道。」然心知有明闇，當其明則所行不失，當其闇則有差謬之失。修者，察其得失而使一於善，非於道之外別爲法制也，故曰「修道之謂教。」篇内又以修身、修道連言。

身之實事是爲道，道不可不修，明矣。

道也者，不可須臾離也㊀。可離，非道也。是故君子戒愼乎其所不睹，恐懼乎其所不聞。

鄭注：道，猶道路也，出入動作由之。離之，惡乎從也？小人閒居爲不善，無所不至也。君子則不然。雖視之無人，聽之無聲，猶戒愼恐懼自修正，是其不須臾離道。

補注：人所行卽道，威儀言動皆道也。可，如「體物而不可遺」之可。凡對人者，接於目而睹，則戒愼其儀容；接於耳而聞，則恐懼有愆謬。君子雖未對人，亦如是，爲動輒失道，而不使少疏也。

莫見乎隱，莫顯乎微，故君子愼其獨也。

鄭注：愼獨者，愼其閒居之所爲。小人於隱者，動作言語㊁，自以爲不見睹、不見聞，則必肆盡其情也。若有佔聽之者，是爲顯見，甚於衆人之中爲之。

補注：篇末言：「君子內省不疚，無惡於志。君子之所不可及者，其唯人之所不見乎！」「所不見」謂其內之志，與此節之文相足。「君子不動而敬，不言而信」，與上節之文相足。蓋及其見也，端皆起於隱；及其顯也，端皆起於微。人凡有所行，端皆起於志意。以人之所不見，故曰獨。志定而事必一如其志，君子愼之，不使涉於私慝也。

㊀「也」字原誤植於下句「可離」下，據阮元校刻禮記正義乙正。抄本不誤。　㊁「動作言語」四字據阮刻禮記正義補。

喜怒哀樂之未發，謂之中；發而皆中節，謂之和。中也者，天下之大本也；和也者，天下之達道也。致中和，天地位焉，萬物育焉。

鄭注：中爲大本者，以其含喜怒哀樂，禮之所由生，政教自此出也。致，行之至也。位，猶正也。育，生也，長也。

補注：中和者，動静俱得之美名。喜怒哀樂中節，即可以言和。其未發也，雖赤子之心無知，亦即可以言中。論喜怒哀樂，不惟未發以前無所容心，即發而中節，亦無所容心也。論中和之實，則合天下事無不自中出，無不以和爲至，故曰「大本」，曰「達道」。篇内言「尊德性」，與上兩節之文相足；言「道問學」，與此節之文相足。德性曰「尊」，所謂「戒慎恐懼」，所謂「慎獨」是也。問學曰「道」，此所謂「致」是也。德性，譬則身之血氣也；問學，譬則飲食也。不保護而自耗敗㊀其血氣，與廢飲食之養無以增長吾之血氣，其爲二事甚明。以喜怒哀樂言中和，性情之德，無一人不可語於此也；以中和言大本達道，孰能盡之哉！致中和者，其功非於發與未發也；由問學以擴其心知，至聰明聖知達天德，乃爲致之所極。凡位其所者，中也；凡遂其生者，和也。天地位，天地之中也；萬物育，天地之和也。中和而至於與㊁天地合其德，故曰「天地位焉」，見中之如是也；「萬物育焉」，見和之如是也。「天地位焉」，該凡位其所者言也；「萬

㊀「敗」字原誤「則」，據抄本改。㊁「與」字原脱，據抄本補。

物育焉」，該凡遂其生者言也。凡位其所者，天定者也，本也；凡遂其生者，人事於是乎盡也，道也。孔子對齊景公問政曰：「君君，臣臣，父父，子子。」公曰：「善哉！信如君不君，臣不臣，父不父，子不子，雖有粟，吾得而食諸！」喪服傳曰：「父者，子之天也。夫者，妻之天也。」蓋天地位，萬物育，無適而不可見也。本亂必害於道，道失必害於本。中和雖分言之，致中和之功，一而已矣。

仲尼曰：「君子中庸，小人反中庸。君子之中庸也，君子而時中；小人之中庸也，小人而無忌憚也。」

鄭注：庸，常也，用中爲常道也。反中庸者，所行非中庸，然亦自以爲中庸也。君子而時中者，其容貌君子，而又時節其中也。小人而無忌憚，其容貌小人，又以無畏難爲常行，是其反中庸也。

補注：庸，卽篇内所謂「庸德之行，庸言之謹。」由之務協於中，故曰中庸。而，猶乃也。君子何以中庸？乃隨時審處其中。小人何以反中庸？乃肆焉以行。陸德明釋文云：「王肅本作『小人之反中庸也』。」當是魏晉間仍有古本未脫「反」字者。

子曰：「中庸其至矣乎！民鮮能久矣。」

鄭注：鮮，罕也。言中庸爲道至美，顧人罕能久行。

補注：民非知之而能之也，由於先王之禮教而心志純一謹厚，無私慝佹肆之行，則亦能之。蓋生養教化盡於上，使民有恒心故也。

子曰：「道之不行也，我知之矣，知者過之，愚者不及也；道之不明也，我知之矣，賢者過之，不肖者不及也。人莫不飲食也，鮮能知味也。」

鄭注：罕知其味，謂愚者所以不及也。過與不及，使道不行，唯禮能教之中。

補注：道不出人倫日用之常。愚者任其惑闇，不求行之無愆；不肖者陷溺其心，不求得事之宜。此失之「不及」，而道不行、不明也。智者自負其不惑，以爲行之不謬矣，而往往多謬；賢者自信其無慝，以爲出於正而已矣，往往執而鮮通。此失之「過」，而道不行、不明也。皆弗思焉耳！

子曰：「道其不行矣夫！」

鄭注：閔無明君教之。

補注：先王之法廢弛，而人非不及則過，難語于由之不差也。

子曰：「舜其大知也與！舜好問而好察邇言，隱惡而揚善，執其兩端，用其中於民。其斯以爲舜乎！」

鄭注：邇，近也。近言而善，易以進，又察而行之也。兩端，過與不及也。「用其中於民」，賢與不肖皆能行之也。斯，此也。其德如此，乃號爲舜。舜之言充也。

補注：「執其兩端」，如一物之有本末、首尾，全體無遺棄也。「其斯以爲舜乎」，言舜之知而又如斯，是以爲大知。

子曰：「人皆曰予知，驅而納諸罟擭陷阱之中，而莫之知辟也。人皆曰予知，擇乎中庸，而不能期月守也。」

鄭注：予，我也。言凡人自謂有知，人使之入罟，不知辟也。自謂擇乎中庸而爲之，亦不能久行。言其實愚，又無恒。

補注：人不自以爲知，則心常兢兢，庶幾少失。未有自以爲知而不動輒得咎者也。人倫日用之常，由之而協於中，是謂中庸。則審擇而知其意，守之勿失，亦人人可與於此者。自以爲知，雖知其意，旋必失之。禮記義疏云：「罟，罔也。擭，謂作㮯也。陷阱，謂阬也；穿地爲坎，豎鋒刃於中，以陷獸也。」

子曰：「回之爲人也，擇乎中庸，得一善則拳拳服膺，而弗失之矣。」

鄭注：拳拳，奉持之貌。

補注：「服膺」、「弗失」，謂如持物者奉之著於胸間，不少置也。

子曰：「天下國家可均也，爵祿可辭也，白刃可蹈也，中庸不可能也。」

鄭注：言中庸難爲之難。

補注：均，謂分疆正域，平量財賦，有取於均之事。「天下國家可均」，則其人不私者也；「爵祿可辭」，則其人清者也；「白刃可蹈」，則其人剛者也。各成其一德而已。中庸必具衆德，又非勉於一時，故難能。

子路問强。

鄭注：强，勇者所好也。

子曰：「南方之强與？北方之强與？抑而强與？

鄭注：言三者所以爲强者異也。抑，辭也。「而」之言女也，謂中國也。

「寬柔以教，不報無道，南方之强也；君子居之。衽金革，死而不厭，北方之强也；而强者居之。

鄭注：南方以舒緩爲强。「不報無道」，謂犯而不校也。衽，猶席也。北方以剛猛爲强。

補注：厭，慴服也。

「故君子和而不流，强哉矯！中立而不倚，强哉矯！國有道，不變塞焉，强哉矯！國無道，至死不變，强哉矯！」

鄭注：此抑女之强也。流，猶移也。塞，猶實也。國有道不變以趨時，國無道不變以辟害，有道無道一也。矯，强貌。塞或爲色。

補注：流，謂遷失也。和與物同，易遷失。君子常德不求異於人，貴「和而不流」；卓行不苟同於人，貴「中立而不倚」；有道由塞而達，無道終於塞，皆貴恒其德，終始如一。

子曰：「素隱行怪，後世有述焉，吾弗爲之矣。君子遵道而行，半塗而廢，吾弗能已矣。

鄭注：素，讀如攻城「攻其所傃」之傃。義疏云：司馬法文。傃，猶鄉也。言方鄉辟害隱身，而行詭譎，以作後世名也。「弗爲之矣」，恥之也。廢，猶罷止也。「弗能已矣」，汲汲行道，不爲時人之隱行。

補注：「素隱行怪」，謂舍常行之道而專鄉隱僻，以矯異於衆也。

「君子依乎中庸，遯世不見知而不悔，唯聖者能之。」

鄭注：言隱者當如此也。唯舜爲能如此。

補注：「依乎中庸」，於人倫日用之常道無不盡也。用之則行，舍之則藏，故「不見知不悔」。

君子之道，費而隱。

鄭注：言可隱之節也。費，猶佹也。道不佹則仕。

補注：許叔重說文解字曰：「費，散財用也。」故其義爲散之所廣徧。君子之道，雖若深隱難窺，實不過事物之咸得其宜，則不可徒謂其隱，乃費而隱也。後儒以隱爲道之體，是别有所指以爲道，非聖賢之所謂道也。道卽人倫日用，以及飛潛動植，盈天地之間無或違其性，皆是也。故下推言所謂費，而不及隱。文理甚明。

夫婦之愚，可以與知焉；及其至也，雖聖人亦有所不知焉。夫婦之不肖，可以能行焉；及其至也，雖聖人亦有所不能焉。天地之大也，人猶有所憾。故君子語大，天下莫能載焉；語小，天下莫能破焉。詩云：「鳶飛戾天，魚㊀躍于淵。」言其上下察也。

鄭注：與，讀爲「贊者皆與」之與。言匹夫匹婦愚耳，亦可以其與有所知，可以其能有所行者，以其知行之極也，聖人有不能如此。舜好察邇言，由此故與！憾，恨也。天地至大，無不覆載，

㊀「魚」字原脱，據阮刻禮記正義及詩大雅旱麓補。抄本不脱。

人尚有所恨焉，況於聖人，能盡備之乎？語，猶說也。所說大事，謂先王之道也；所說小事，謂若愚不肖夫婦之知行也。聖人盡兼行。察，猶著也。言聖人之德至於天，則「鳶飛戾天」，至於地，則「魚躍于淵」，是其著明於天地也。

補注：及其至也，自近至遠，自略至詳，該括不遺之辭。夫婦之愚不肖可知可能，至於聖人亦有所不知不能，盡舉人事之全言之也。雖粗鄙小事，聖人不知不能者多矣，而皆不可廢也。人所憾於天地，亦人之願望所宜然。故語大至於莫知紀極，語小至於纖細難剖，皆有所宜之道，其費如是。引詩之辭，偶涉飛潛上下，以見物性之自然。上下著明，故曰「言其上下察也」。然則不以爲深隱難窺可也。後儒雜乎釋老之言以說此，余無取焉。

君子之道，造端乎夫婦；及其至也，察乎天地。

鄭注：夫婦，謂匹夫匹婦之所知所行。

補注：「察乎天地」，即所謂「上下察」。天地間之物，盡若是矣。道者，事物之宜。散觀之，莫不有宜也，費也。察而不隱，人自不能窺耳！

子曰：「道不遠人。人之爲道而遠人，不可以爲道。

鄭注：言道卽不遠於人，人不能行也。

補注：而，如㊀若，語之轉。以爲，與下文「以爲」同。上所謂「費」，徧及事物言之，皆不遠人

㊀「如」字原脫，據抄本補。

者也。人之爲道若遠人，不可謂之道。素隱行怪之非道，明矣。

「詩云：『伐柯伐柯，其則不遠。』執柯以伐柯，睨而視之，猶以爲遠。

鄭注：則，法也。言持柯以伐木，將以爲柯，近以柯爲尺寸之法。此法不遠人，人尚遠之。明爲道不可以遠㊀。

「故君子以人治人，改而止。

鄭注：言人有罪過，君子以人道治之，其人改則止，赦之，不責以人所不能。

補注：法在所執之柯，以比度所伐之柯，視之既審，或不免微差，猶謂之遠，可也。君子治人之道，非自我立之法，不過以心之所同然者喻之。彼之心以爲宜然，未有不自改者，斯可以止矣。是誠不遠也。

「忠恕違道不遠。施諸己而不願，亦勿施於人。

鄭注：違，猶去也。

補注：「不願」者，人之常情，發乎自然者也。己不願受，知人亦不願受。於施道之務在無憾，相去不遠矣。

「君子之道四，丘未能一焉：所求乎子以事父，未能也；所求乎臣以事君，未能也；所求乎弟以事兄，未能也；所求乎朋友先施之，未能也。庸德之行，庸言之謹，有所不足，不敢不勉；有餘，不

㊀「遠」下疑脱「人」字。

敢盡。言顧行，行顧言，君子胡不慥慥爾！」

鄭注：聖人而曰「我未能」，明人當勉之無已。庸，猶常也。言德常行也，言常謹也。聖人之行實過於人，有餘不敢盡，常爲人法，從禮也。君子，謂衆賢也。慥慥，守實，言行相應之貌。

補注：人之常情，於人易於求盡，以此反諸身，則盡道矣。凡所當盡者，行之誠不易，亦可知勿責於人矣。自古施於人而不顧其難受，責於人而己概未能，天下國家之所以亡也。行易不足，言易有餘，「不敢盡」，其謹可知。「言顧行」，有言必其有是行也。「行顧言」，恐不逮其言，是自棄也。

君子素其位而行，不願乎其外。素富貴，行乎富貴；素貧賤，行乎貧賤；素夷狄，行乎夷狄；素患難，行乎患難。君子無入而不自得焉。

鄭注：素讀皆爲傃。「不願乎其外」，謂思不出其位也。自得，謂所鄉不失其道。

在上位不陵下，在下位不援上，正己而不求於人，則無怨。上不怨天，下不尤人。故君子居易以俟命，小人行險以徼幸。子曰：「射有似乎君子，失諸正鵠，反求諸其身。」

鄭注：援，謂牽持之也。無怨，人無怨之者也。論語曰：「君子求諸己，小人求諸人。」易，猶平安也。俟命，聽天任命也。險，謂傾危之道。反求於其身，不以怨人。畫布曰正，棲皮曰鵠。

君子之道，辟如行遠，必自邇；辟如登高，必自卑。詩曰：「妻子好合，如鼓瑟琴。兄弟既翕，和樂且耽。宜爾室家，樂爾妻帑。」

鄭注：自，從也。邇，近也。行之自近者、卑者始，以漸致之高遠。琴瑟，聲相應和也。翕，合也。耽，亦樂也。古者謂子孫曰帑。此詩言和室家之道，自近者始。

子曰：「父母其順矣乎！」

鄭注：謂其教令行，使室家順。

補注：謂如詩之言，父母未有不順於心者。

子曰：「鬼神之爲德，其盛矣乎！」視之而弗見，聽之而弗聞，體物而不可遺。使天下之人，齊明盛服，以承祭祀，洋洋乎如在其上，如在其左右。詩曰：「神之格思，不可度思，矧可射思！」

鄭注：體，猶生也。可，猶所也。不有所遺，言萬物無不以鬼神之氣生也。明，猶潔也。洋洋，人想思其傍僾之貌。格，來也。矧，況也。射，厭也。思，皆聲之助。言神之來，其形象不可億度而知，事之盡敬而已，況可厭倦乎？

補注：洪範「初一曰五行。」易曰：「一陰一陽之謂道。」皆推本天道言之。陰陽五行，氣化之實也。鬼神卽以名其精氣，爲品物流行之本，故曰「體物而不可遺」，未有能遺之以生者也。古聖人因以祭祀事鬼神，明乎天與人不相隔也。

夫微之顯，誠之不可揜，如此夫！

鄭注：言神無形而著，不言而誠。

補注：凡實有之，未有能揜之者也。

子曰：「舜其大孝也與！德爲聖人，尊爲天子，富有四海之內，宗廟饗之，子孫保之。」故大德必得其位，必得其祿，必得其名，必得其壽。

鄭注：保，安也。名，令聞也。

故天之生物，必因其材而篤焉，故栽者培之，傾者覆之。

鄭注：材，謂其質性也。篤，厚也。言善者天厚其福，惡者天厚其毒，皆由其本而爲之。栽，讀如「文王初載」之載，栽猶殖也。培，益也。今時人名草木之殖㊀者曰栽，築牆立板亦曰栽。栽或爲滋。覆，敗也。

詩曰：「嘉樂君子，憲憲令德。宜民宜人，受祿於天。保佑命之，自天申之。」故大德者必受命。

鄭注：憲憲，興盛之貌。保，安也。佑，助也。

子曰：「無憂者，其惟文王乎！以王季爲父，以武王爲子，父作之，子述之。

鄭注：聖人以立法度爲大事，子能述成之，則何憂乎！堯舜之父子則有凶頑，禹湯之父子則寡令聞，父子相成，唯有文王。

武王纘大王王季文王之緒，壹戎衣而有天下，身不失天下之顯名，尊爲天子，富有四海之內，宗廟饗之，子孫保之。

鄭注：纘，繼也。緒，業也。戎，兵也。衣，讀如殷，聲之誤也，齊人言殷聲如衣。虞夏商

㊀「殖」原作「植」，字通。今據阮刻禮託正義改，以與上文「栽猶殖也」一律。

周，氏者多矣。今姓有衣者，殷之胄與？壹戎殷者，壹用兵伐殷也。

武王末受命，周公成文武之德，追王大王王季，上祀先公以天子之禮。斯禮也，達乎諸侯、大夫及士、庶人。父爲大夫，子爲士，葬以大夫，祭以士。父爲士，子爲大夫，葬以士，祭以大夫。期之喪，達乎大夫。三年之喪，達乎天子。父母之喪，無貴賤一也。

鄭注：末，猶老也。「追王大王王季」者，以王迹起焉。先公，組紺以上至后稷也。斯禮達於諸侯、大夫、士、庶人者，謂葬之從死者之爵，祭之用生者之禄也。言大夫葬以大夫，士葬以士，則追王者，改葬之矣。「期之喪達於大夫」者，謂旁親所降在大功者。其正統之期，天子、諸侯猶不降也。禮記義疏：「熊氏云：此對天子、諸侯故云期之喪達乎大夫。其實大夫爲大功之喪得降小功，小功之喪得降緦麻，是大功、小功皆達乎大夫。」大夫所降，天子諸侯絶之不爲服，所不臣乃服之也。義疏云：「喪服傳云：『始封之君不臣諸父、昆弟，封君之子不臣諸父而臣昆弟。』但不臣者，皆以本服服也。」承葬祭説期、三年之喪者，明於事父以孝，不用其尊卑變。義疏云：「三年之喪達乎天子，不云父母而云三年者，包適子也。天子爲后服期，后卒必待三年然後娶，所以達子之志。是以昭十五年左傳，穆后崩，太子壽卒，叔向云王一歲而有三年之喪二焉。」

補注：三年之喪，該凡爲所受國者三年，君父之義一也。父母之喪，該曾祖父母、祖父母齊衰三月。期者，君受國於曾祖，其祖與父或廢疾不立，而皆在先，有祖之喪則期。

子曰：「武王周公，其達孝矣乎！」夫孝者，善繼人之志，善述人之事者也。春秋修其祖廟，陳其宗器，設其裳衣，薦其時食。

鄭注：修，謂掃糞也。宗器，祭器也。裳衣，先祖之遺衣服也；設之，當以授尸也。時食，四時祭也。

宗廟之禮，所以序昭穆也。序爵，所以辨貴賤也。序事，所以辨賢也。旅酬下爲上，所以逮賤也。燕毛，所以序齒也。

鄭注：序，猶次也。爵，謂公、侯、大夫、士也。事，謂薦羞也。「以辨賢」者，以其事別所能也。若司徒奉牛，宗伯共鷄牲矣。文王世子曰：「宗廟之中以爵爲位，崇德也。宗人授事以官，尊賢也。」「旅酬下爲上」者，謂若特牲饋食之禮，賓弟子、兄弟之子各舉觶于其長也。逮賤者，宗廟之中以有事爲榮也。燕，謂既祭而燕也，以髮色爲坐。祭時尊尊也，至燕親親也。齒，亦年也。

補注：「序昭穆」，據子孫之昭穆。無爵者在阼階前西面北上，昭爲一，穆爲一，凡二列，昭與昭齒，穆與穆齒，以次而南。序爵，據族與賓之有爵者。文王世子篇論公族朝於公曰：「內朝以齒，外朝則以官。其在宗廟之中，則如外朝之位。」此序爵兼同姓、異姓之明證。特牲饋食禮，嗣子舉奠之後，神事將終，賓與兄弟以次相酬，曰旅酬。前此主人酬賓，賓奠觶于薦南。及旅酬之初，兄弟弟子洗酌于東方之尊，阼階前北面，舉觶于長兄弟，如主人酬賓儀，所謂下爲上也。發酒端曰舉。此時不兼賓弟子者，賓有薦南奠觶也。賓坐，取觶阼階前，北面酬長兄弟。長兄弟在右。賓奠觶拜，長兄弟答拜。賓立卒觶，酌于其尊，東面立。長兄弟拜受觶，賓北面答拜，揖復位。長兄弟西階前北面，衆賓長左受旅如初。長兄弟卒觶，酌于其尊，西面立。受旅者拜受，長兄弟北面答拜，揖復位。衆賓及衆㊀兄弟交錯以辨，皆如初儀。此賓酬兄弟，行薦南之觶也。長兄弟酬賓，如賓酬兄弟之儀以辨。此行弟子舉觶于長兄弟，奠薦北者，卒受者實觶于篚。旅酬之禮如是。既旅，而後賓弟子及兄弟弟子洗各酌于其尊，中庭北面西上，舉觶于其長，奠觶拜，長皆答拜。舉觶者祭卒觶拜，長皆答拜。舉觶者洗各酌于其尊，復初位，長皆拜。舉觶者皆奠觶于薦右，長皆執以興。舉觶者皆復位答拜，長皆奠觶于其所，皆揖其弟子，弟子皆復其位。亦所謂下爲上也。此時賓黨一黨之弟子始皆有事，乃旅酬之餘禮，爵皆無算，東西交恩通好，不以次算也。旅酬爲大目，該無算爵在內。

踐其位，行其禮，奏其樂，敬其所尊，愛其所親，事死如事生，事亡如事存，孝之至也。

鄭注：踐，猶升也。其者，其先祖也。踐或爲纘。

郊社之禮，所以事上帝也。宗廟之禮，所以祀乎其先也。明乎郊社之禮，禘嘗之義，治國其如示諸掌乎！

鄭注：社，祭地神。不言后土者，省文。示，讀如「寘諸河干」之寘。寘，置也。物而在掌中，易爲知力者也。序爵、辨賢、尊尊、親親，治國之要。

補注：郊，謂冬至、啟蟄之郊，及四時迎氣，兆五帝於四郊是也。水土之神曰社，社非祭地。

㊀「衆」字原脱，據抄本補。

周禮后土與社爲二，是其明證。郊禮大，社禮小，舉二者以該事神之禮。上帝尊，言事上帝，則百神在內。禮，不王不禘。王者禘其祖之所自出，以其祖配之，而立四廟。周祖文武，以后稷爲祖之所自出，故立后稷廟爲太廟。王季以上，遷主藏焉。文武之廟，皆曰世室。以下，穆之遷主藏於文世室，昭之遷主藏於武世室。又立四親廟。禘於太廟。禮曰：「毀廟之主升合食而立二尸。」又曰：「獻昭尸如穆尸之禮。」又曰：「毀廟之主，昭共一牢，穆共一牢。祝辭稱孝子孝孫。」秋祭曰嘗。禘禮大，嘗禮小，亦舉二者以該宗廟之禮。

哀公問政，子曰：「文武之政，布在方策。其人存則其政舉，其人亡則其政息。人道敏政，地道敏樹。夫政也者，蒲盧也。」

鄭注：方，版也。策，簡也。息，猶滅也。敏，猶勉也。樹，謂殖草木也。人之無政，若地無草木矣。敏或爲謀。蒲盧，蜾蠃，謂土蜂也。詩曰：「螟蛉有子，蜾蠃負之。」螟蛉，桑蟲也。蒲盧取桑蟲之子去，而變化之以成爲己子。政之於百姓，若蒲盧之於桑蟲然。

補注：蒲盧二字疊韻，形容之辭，蓋古有是語。夏小正「雉入於海爲蜃」，説曰：「蜃也者，蒲盧也。與蜾蠃同名。」蒲盧取義可推而知。政雖利民，不得其人，皆適以病民，有隨人轉變之義。然則蒲盧，蜾蠃也。夫子答哀公問政，止於此。下文承夫子論爲政，而推廣之以論學。王肅私定家語，並襲取之以爲夫子之言，謬矣！

故爲政在人，

鄭注：在於得賢人也。

取人以身，修身以道，修道以仁。仁者，人也，親親爲大。義者，宜也，尊賢爲大。親親之殺，尊賢之等，禮所生也。

鄭注：取人以身，言明君乃能得人。人也，讀如「相人偶」之人，以人意相存問之言。

補注：道之大目，下文君臣、父子、夫婦、昆弟、朋友之交是也。隨其身之爲君爲臣，爲父爲子以及朋友，徵之踐行，身之修不修乃見。「修身以道」，言以道實責諸身也。道之責諸身，往往易致差謬，必盡乎仁、盡乎義、盡乎禮，然後於道無憾。「修道以仁」者略辭，兼義禮乃全乎仁。分言之，由仁而親親，由義而尊賢，由禮而生殺與等。仁至則親親之道得，義至則尊賢之道得，禮至則有殺有等而靡不得。親親、尊賢及其等殺，即道中之事。仁、義、禮難空言，故舉以見其略。人於人情相同，恩相洽，故㊀曰「仁者人也」。事得其宜，則無失，故曰「義者宜也」。禮，則各止其分位是也。易曰：「立人之道，曰仁與義。」此更益之以禮，即仁至義盡之謂。

在下位不獲乎上，民不可得而治矣。

鄭注：此句其屬在下，著脱誤重在此。

故君子不可以不修身。思修身，不可以不事親。思事親，不可以不知人。思知人，不可以不知天。

㊀「故」原誤「曰」，據抄本改。

鄭注：言修身乃知孝，知孝乃知人，知人乃知賢不肖，知賢不肖乃知天命所保佑。

補注：事親，務於仁孝也；知人，務於精義也；知天，務於達禮也。尊卑、長幼、親疏、貴賤，天定者也。

天下之達道五，所以行之者㊀三。曰：君臣也，父子也，夫婦也，昆弟也，朋友之交也，五者，天下之達道也。知、仁、勇，三者，天下之達德也。

鄭注：達者，常行，百王所不變也。

補注：天下之事，盡於以生以養。而隨其所居之位，爲君爲臣，爲父爲子，爲昆弟、夫婦、朋友，槩舉其事，皆行之不可廢者，故謂之達道。指其事而言則曰事，以自身行之則曰道。不務踐行則身不修，行之差失則道不修。上云「修身以道，修道以仁」，求準之仁義禮無失，以大共之理言也。是爲隨事審處之權衡。能權之使輕重不爽，則知也。然不徒曰「知」，而兼言「仁」者，世不乏「知及之，仁不能守之」者也。又兼言「勇」，則强力不可奪。以三者行之，庶幾於仁義禮無憾。謂之達德，人皆宜實有諸己也。

所以行之者一也㊁。或生而知之，或學而知之，或困而知之；及其知之，一也。或安而行之，或利而行之，或勉强而行之；及其成功，一也。

㊀「者」字原脱，據阮刻禮記正義補。抄本不脱。㊁「所以行之者一也」句原在上文「天下之達德也」下，依抄本移此。

鄭注：「困而知之」，謂長而見禮義之事，己臨之而有不足，乃始學而知之㊀，此達道也。利，謂貪榮名也。勉强，恥不若人。

補注：知、仁、勇之德，人咸有之，亦人咸反之己而不足者也。既反之己而不足，則疑以是㊁行之未能盡道。然惟務乎此，日新不已，下學而上達，始焉不足，終必能足。舍知、仁、勇，其於達道更無所以行之者，故曰「所以行之者一也」。不過質性有差等，是以不足，至於能足則同。

子曰：「好學近乎知，力行近乎仁，知恥近乎勇。」

補注：此又引夫子之言，下文因推廣言之。王肅私定家語，合前後爲答哀公問政，謬也。

知斯三者，則知所以修身。知所以修身，則知所以治人。知所以治人，則知所以治天下國家矣。

鄭注：言有知有仁有勇，乃知修身。則修身以此三者爲基。

凡爲天下國家有九經，曰：修身也，尊賢也，親親也，敬大臣也，體羣臣也，子庶民也，來百工也，柔遠人也，懷諸侯也。

鄭注：體，猶接納也。子，猶愛也。遠人，蕃國之諸侯也。

補注：羣臣位卑，宜加體恤，恐情不能自達也。

修身則道立，尊賢則不惑，親親則諸父昆弟不怨，敬大臣則不眩，體羣臣則士之報禮重，子庶民則

㊀疑「之」字衍文，「知」字當連下作一句讀。　㊁「以是」原誤倒在「行之」下，據抄本乙正。

百姓勸，來百工則財用足，柔遠人則四方歸之，懷諸侯則天下畏之。

鄭注：不惑，謀者良也。不眩，所任明也。

齊明盛服，非禮不動，所以修身也。去讒遠色，賤貨而貴德，所以勸賢也。尊其位，重其祿，同其好惡，所以勸親親也。官盛任使，所以勸大臣也。忠信重祿，所以勸士也。時使薄斂，所以勸百姓也。日省月試，既廩稱事，所以勸百工也。送往迎來，嘉善而矜不能，所以柔遠人也。繼絶世，舉廢國，治亂持危，朝聘以時，厚往而薄來，所以懷諸侯也。

鄭注：同其好惡，不特有所好惡於同姓，雖恩不同，義必同也。尊重其祿位，所以貴之，不必授以官守，天官不可私也。「官盛任使」，大臣皆有屬官，所任使，不親小事也。「忠信重祿」，有忠信者重其祿也。時使，使之以時。「日省月試」，考校其成功也。既，讀爲餼。餼廩，稍食也。稿人職曰：「乘其事，考其弓弩，以下上其食。」

凡爲天下國家有九經，所以行之者一也。凡事豫則立，不豫則廢。言前定則不跲，事前定則不困，行前定則不疚，道前定則不窮。

鄭注：一，謂當豫也。跲，躓也。疚，病也。人不能病之。

在下位不獲乎上，民不可得而治矣。

鄭注：獲，得也。言臣不得於君，則不得居位治民。

獲乎上有道；不信乎朋友，不獲乎上矣。信乎朋友有道；不順乎親，不順乎朋友矣。順乎親有道；

反諸身不誠，不順乎親矣。誠身有道；不明乎善，不誠乎身矣。

鄭注：言知善之爲善，乃能行誠。

誠者，天之道也；誠之者，人之道也。誠者，不勉而中，不思而得，從容中道，聖人也。誠之者，擇善而固執之者也。

鄭注：言誠者，天性也；誠之者，學而誠之者也。因誠身說有大至誠。

博學之，審問之，愼思之，明辨之，篤行之。有弗學，學之弗能，弗措也。有弗問，問之弗知，弗措也。有弗思，思之弗得，弗措也。有弗辨，辨之弗明，弗措也。有弗行，行之弗篤，弗措也。人一能之，己百之；人十能之，己千之。果能此道矣，雖愚必明，雖柔必强。

鄭注：此勸人學誠其身也。果，猶決也。

自誠明，謂之性；自明誠，謂之教。誠則明矣，明則誠矣。

鄭注：自，由也。由至誠而有明德，是聖人之性者也。由明德而有至誠，是賢人學以知之也。有至誠則必有明德，有明德則必有至誠。

唯天下至誠，爲能盡其性。能盡其性，則能盡人之性。能盡人之性，則能盡物之性。能盡物之性，則可以贊天地之化育。可以贊天地之化育，則可以與天地參矣。

鄭注：盡性者，謂順理之，使不失其所也。贊，助也。育，生也。助天地之化生，謂聖人受命在王位，致大平。

其次致曲。曲能有誠。誠則形，形則著，著則明，明則動，動則變，變則化。唯天下至誠爲能化。

鄭注：其次，謂自明誠者也。致，至也。曲，猶小小之事也。不能盡性，而有至誠於有義焉而已。形，謂人見其功也。盡性之誠，人不能見也。著，形之大者也。明，著之顯者也。動，動人心也。變，改惡爲善也。變之久，則化而性善也。

至誠之道，可以前知。國家將興，必有禎祥；國家將亡，必有妖孽。見乎蓍龜，動乎四體。禍福將至，善，必先知之；不善，必先知之。故至誠如神。

鄭注：可以前知者，言天不欺至誠者也。前，亦先也。禎祥妖孽，蓍龜之占，雖其時有小人愚主，皆爲至誠能知者出也。四體，謂龜之四足。春占後左，夏占前左，秋占前右，冬占後右。

誠者自成也，而道自道也。

鄭注：言人能至誠，所以自成也。有道藝，所以自道達。

誠者，物之終始。不誠無物。

鄭注：物，萬物也，亦事也。大人無誠，萬物不生；小人無誠，則事不成。

是故君子誠之爲貴。

鄭注：言貴至誠。

誠者，非自成己而已也，所以成物也。成己，仁也；成物，知也。性之德也，合外內之道也。

鄭注：以至誠成己，則仁道立。以至誠成物，則知彌博。此五性之所以爲德也，外內所須而合也。外內，猶上下。

故時措之宜也。

鄭注：時措，言得其時而用也。

故至誠無息。不息則久，久則徵，徵則悠遠，悠遠則博厚，博厚則高明。

鄭注：徵，猶效驗也。此言至誠之德既著於四方，其高厚日以廣大也。徵或爲徹。

博厚，所以載物也；高明，所以覆物也；悠久，所以成物也。博厚配地，高明配天，悠久無疆。

鄭注：後言悠久者，言至誠之德既至博厚、高明，配乎天地，又欲其久長行之。

如此者，不見而章，不動而變，無爲而成。天地之道，可一言而盡也。

鄭注：言其德化與天地相似，可一言而盡，要在至誠。

其爲物不貳，則其生物不測。

鄭注：言至誠無貳，乃能生萬物多無數也。

天地之道，博也，厚也，高也，明也，悠也，久也。

鄭注：此言其著見成功也。

今夫天，斯昭昭之多；及其無窮也，日月星辰繫焉，萬物覆焉。今夫地，一撮土之多；及其廣厚，載華嶽而不重，振河海而不洩，萬物載焉。今夫山，一卷石之多；及其廣大，草木生之，禽獸居之，寶藏興焉。今夫水，一勺之多，及其不測，黿鼉蛟龍魚鼈生焉，貨財殖焉。

鄭注：此言天之高明，本生昭昭；地之博厚，本由撮土；山之廣大，本起卷石；水之不測，本從一勺。皆合少成多，自小致大。爲至誠者，亦如此乎。昭昭，猶耿耿，小明也。振，猶收也。卷，猶區也。

詩云：「維天之命，於穆不已。」蓋曰天之所以爲天也。「於乎不顯，文王之德之純！」蓋曰文王之所以爲「文」㊀也，純亦不已。

鄭注：天所以爲天，文王所以爲「文」，皆由行之無已，爲之不止，如天地山川之云也。易曰：「君子以順德，積小以成高大。」是與！

大哉聖人之道！洋洋乎發育萬物，峻極於天。

鄭注：育，生也。峻，高大也。

優優大哉！禮儀三百，威儀三千，待其人然後行。故曰：苟不至德，至道不凝焉。

鄭注：言爲政在人，政由禮也。凝，猶成也。

故君子尊德性而道問學，致廣大而盡精微，極高明而道中庸，温故而知新，敦厚以崇禮。

鄭注：德性，謂性至誠者。道，猶由也。問學，學誠者也。廣大，猶博厚也。温，讀如燖温之温，謂故學之熟矣，後時習之，謂之温。

是故居上不驕，爲下不倍。國有道，其言足以興；國無道，其默足以容。

㊀「文」下原衍「王」字，據阮刻禮記正義删。抄本亦無「王」字。

鄭注：與，謂起在位也。

詩曰：「既明且哲，以保其身。」其此之謂與！

鄭注：保，安也。

子曰：「愚而好自用，賤而好自專，生乎今之世，反古之道，如此者，烖及其身者也。

鄭注：「反古之道」，謂曉一孔之人，不知今王之新政可從。

非天子，不議禮，不制度，不考文。

鄭注：此天下所共行，天子乃能一之也。禮，謂人所服行也。度，國家宮室及車輿也。文，書名也。

今天下車同軌，書同文，行同倫。

鄭注：今，孔子謂其時。

雖有其位，苟無其德，不敢作禮樂焉。雖有其德，苟無其位，不敢作禮樂焉。」

鄭注：言作禮樂者，必聖人在天子之位。

子曰：「吾説夏禮，杞不足徵也。吾學殷禮，有宋存焉。吾學周禮，今用之，吾從周。」

鄭注：徵，猶明也。吾能説夏禮，顧杞之君不足以明之也。吾從周，行今之道。

王天下有三重焉，其寡過矣乎！

鄭注：三重，三王之禮。

上焉者雖善，無徵；無徵不信，不信民弗從。下焉者雖善，不尊；不尊不信，不信民弗從。

鄭注：上，謂君也。君雖善，善無明徵，則其善不信也。下，謂臣也。臣雖善，善而不尊君，則其善亦不信也。徵或爲證。

故君子之道，本諸身，徵諸庶民，考諸三王而不謬，建諸天地而不悖，質諸鬼神而無疑，百世以俟聖人而不惑。質諸鬼神而無疑，知天也；百世以俟聖人而不惑，知人也。

鄭注：知天、知人，謂知其道也。鬼神，從天地者也。易曰：「故知鬼神之情狀與天地相似。」聖人則之，百世同道。徵或爲證。

是故君子動而世爲天下道，行而世爲天下法，言而世爲天下則。遠之則有望，近之則不厭。

鄭注：用其法度，想思若其將來也。

詩云：「在彼無惡，在此無射。庶幾夙夜，以永終譽。」君子未有不如此而蚤有譽於天下者也。

鄭注：射，厭也。永，長也。

仲尼祖述堯舜，憲章文武，上律天時，下襲水土。

鄭注：此以春秋之義說孔子之德。孔子曰：「吾志在春秋，行在孝經。」二經固足以明之。孔子所述堯舜之道，而制春秋而斷以文王武王之法度。春秋傳曰：「君子曷爲爲春秋？撥亂世，反諸正，莫近諸春秋。其諸君子樂道堯舜之道與？末不亦樂乎堯舜之知君子也？」又曰：「是子也，繼文王之體，守文王之法度。文王之法無求，而求，故譏之也。」又曰：「王者孰謂？謂文王也。」此孔子兼包堯舜文武之盛德，而著之春秋，以俟後聖者也。律，述也。述天時，謂編年四時具也。襲，因也。因水土，謂記諸夏之事，山川之異。

辟如天地之無不持載，無不覆幬；辟如四時之錯行，如日月之代明。萬物並育而不相害，道並行而不相悖。小德川流，大德敦化。此天地之所爲大也。

鄭注：聖人制作，其德配天地如此，唯五始可以當焉。幬，亦覆也。「小德川流」，浸潤萌芽，喻諸侯也。「大德敦化」，厚生萬物，喻天子也。幬或作燾。

唯天下至聖，爲能聰明睿知，足以有臨也；寬裕温柔，足以有容也；發强剛毅，足以有執也；齊莊中正，足以有敬也；文理密察，足以有別也。

鄭注：言德不如此，不可以君天下也。蓋傷孔子有其德而無其命。

溥博淵泉，而時出之。

鄭注：言其臨下普徧，思慮深重，非得其時，不出政教。

溥博如天，淵泉如淵。見而民莫不敬，言而民莫不信，行而民莫不說。是以聲名洋溢乎中國，施及蠻貊。舟車所至，人力所通，天之所覆，地之所載，日月所照，霜露所隊，凡有血氣者莫不尊親，故曰配天。

鄭注：如天，取其運照不已也。如淵，取其清深不測也。尊親，尊而親之。

唯天下至誠，爲能經綸天下之大經，立天下之大本，知天地之化育。

鄭注：至誠，性至誠，謂孔子也。大經，謂六藝而指春秋也。大本，孝經也。

夫焉有所倚！肫肫其仁，淵淵其淵，浩浩其天。

鄭注：安有所倚，言無所偏倚也。故人人自以被德尤厚，似偏頗者。肫肫，讀如「誨爾忳忳」之忳忳。忳，懇誠貌也。肫肫或爲純純。

苟不固聰明聖知、達天德者，其孰能知之！

鄭注：言唯聖人乃能知聖人也。春秋傳曰：「末亦不樂乎堯舜之知君子。」明凡人不知。

詩曰：「衣錦尚絅。」惡其文之著也。故君子之道，闇然而日章；小人之道，的然而日亡。

鄭注：言君子深遠難知，小人淺近易知。人所以不知孔子，以其深遠。禪爲絅。錦衣之美，而君子以絅表之，爲其文章露見，似小人也。

君子之道，淡而不厭，簡而文，温而理。知遠之近，知風之自，知微之顯，可與入德矣。

鄭注：淡，其味似薄也。「簡而文，温而理」，猶簡而辨，直而温也。自，謂所從來也。三知者，皆言其睹末察本，探端知緒也。入德，入聖人之德。

詩云：「潛雖伏矣，亦孔之昭。」故君子內省不疚，無惡於志。

鄭注：孔，甚也。昭，明也。言聖人雖隱居，其德亦甚明矣。疚，病也。君子自省身無愆病，雖不遇世，亦無損害於己志。

君子之所不可及者，其唯人之所不見乎！詩云：「相在爾室，尚不愧於屋漏。」

鄭注：言君子雖隱居，不失其君子之容德也。相，視也。室西北隅謂之屋漏。視女在室獨居者，猶不愧于屋漏。屋漏非有㊀人也，況有人乎！

故君子不動而敬，不言而信。詩曰：「奏假無言，時靡有争。」

鄭注：假，大也。此頌也。言奏大樂于宗廟之中，人皆肅敬，金聲玉色，無有言者。以時太平和樂，無所争也。

是故君子不賞而民勸，不怒而民威於鈇鉞。詩曰：「不顯惟德，百辟其刑之。」

鄭注：不顯，言顯也。辟，君也。此頌也。言不顯乎文王之德，百君盡刑之，諸侯法之也。

是故君子篤恭而天下平。詩曰：「予懷明德，不大聲以色。」

鄭注：予，我也。懷，歸也。言我歸有明德者，以其不大聲爲嚴厲之色，以威我也。

子曰：「聲色之於以化民，末也。」詩曰：「德輶如毛。」

鄭注：輶，輕也。言化民常以德，德之易舉而用，其輕如毛耳。

毛猶有倫。「上天之載，無聲無臭」，至矣。

鄭注：倫，猶㊁比也。載，讀曰栽，謂生物也。言毛雖輕，尚有所比，有所比則有重。上天之造生萬物，人無聞其聲音，亦無知其臭氣者。化民之德，清明如神，淵淵浩浩，然後善。

㊀「有」原誤「其」，據阮刻禮記正義改。抄本不誤。　㊁「猶」原誤「由」，據阮刻禮記正義改。抄本不誤。

此本爲戴子高先生鈔本，中縫有「德清戴氏長留閣正本」字，内有校字及圈識，皆子高先生手筆也。此書不在戴氏遺書内，孔氏、段氏二刊皆未收入，豈其未之見耶？東原先生尚有大學補注一卷，惜今亦無傳本，不獲與此本同刻也。後學鄧實記。